40 NOCHES EN EL DESIERTO

Lo que un dueño del todo aprendió de los amos de la nada

Julián Gutiérrez Conde

Categoría: Directivos y líderes
Colección: Liderazgo con valores

Título original: 40 noches en el desierto

Primera edición: Septiembre 2019

www.editorialkolima.com

Autor: Julián Gutiérrez Conde
Dirección editorial: Marta Prieto Asirón
Maquetación de cubierta: Sergio Santos Palmero
Maquetación: Carolina Hernández Alarcón

ISBN: 978-84-17566-41-8

A mis entrañables amigos
Sjues Nunes y Jack Mc Ocdaas.
Ellos saben muy bien quienes son.

Cuando eres joven tienes tanto exceso de energía que no te preocupa el sentido de la vida, y cuando descubres el sentido de la vida ya no tienes suficiente energía.

N'Jaouil Z'Geurtrie Ecdon, un hombre del desierto

Índice

Prólogo

Lo que cuento aquí fue una de esas cosas de la vida que te suceden sin saber muy bien cómo ni por qué, pero de repente te encuentras viviendo una de tus más enriquecedoras experiencias. Supongo que mi estrella tuvo mucho que ver con que mi vida adoptara este rumbo.

Doy gracias a Dios o a Allah, que al fin y al cabo son lo mismo, por permitirme acercarme y escuchar la voz del desierto. Su lenguaje no es como el nuestro; se expresa de modo diferente. No es claro y rotundo, sino que siempre precisa de interpretación. Así es como construye sus diálogos con quien desea atenderle.

El Z'Geurt dice siempre que sus palabras no son suyas. Que si alguna sabiduría hay en ellas, esa procede de la voz del desierto.

El desierto siempre habla, siempre deja la huella de su sabiduría, pero no todos somos capaces de escucharlo. Se esconde y disipa ante la agitación.

He podido aprender muchas cosas que ni siquiera sospechaba que existían durante esas jornadas de mi vida en aquella solitaria inmensidad aparentemente inerte. El fuego y el firmamento te dejan limpio de pensamientos. Te abandonas y simplemente observas.

Yo, que había sido un hijo de las prisas y el agobio, me encontré repentinamente invadido por el sosiego. Fue algo desconocido que alentó mi ser y aumentó mi fe. Todo lo que se puede decir es «*in sha Allah*». Si Dios quiere.

África

Comienza la aventura

Era muy temprano cuando abrí los ojos aquel día. Aún no había amanecido, aunque en pocos minutos lo haría. La cristalera de mi ventana permitía que la vista se deslizara con facilidad hacia el exterior y se expandiera hasta el horizonte sin que nada la perturbara. La ciudad aún estaba en calma. Permanecí algún tiempo observando como la luz se iba haciendo hueco entre la oscuridad de la noche. Lentamente las nubes dejaron que los rayos del sol coparan todo el espacio diáfano. Se anunciaba un día radiante.

Tenía una vida confortable y podía considerarme un privilegiado al que la vida le sonreía. No obstante, hacía un tiempo que empezaba a notar una molestia interior que me resultaba desconocida.

Al principio no le di importancia alguna ni me preocupé por ella. Supuse que era consecuencia del exceso de trabajo y del cansancio acumulado.

«Necesito unas vacaciones», pensé. Sin embargo, las molestias no cedieron y poco a poco fueron adquiriendo intensidad. Y una desconocida inquietud interior se fue apoderando de mí.

No se trataba de nada físico sino de un malestar interno que me desconcertaba. Era un sentimiento de desacomodamiento frente a lo que vivía y cómo lo vivía.

Comencé a sentirme fuera de mi mundo; como una especie de extraterrestre recién llegado. Mi sociedad empezó a parecerme ajena.

«¿Qué les pasa? o ¿qué me pasa a mí?», me preguntaba. Y llegué a temer estar volviéndome loco.

Poco a poco, lo que empezó como un malestar interior se fue extendiendo y comenzó a interferir en mi salud física. Empecé a notar algunas molestias y a tener dificultades para conciliar el sueño, lo que me procuró mayores dificultades.

Sentía que en la sociedad en la que vivía cada vez se descuidaba más la educación en valores mientras se acosaba más y más a niños y adultos desde los medios con falsos mensajes de libertad a la vez que se los instrumentalizaba. El confort y la comodidad eran la pantalla que justificaba todo y cada vez los apresaba más, al tiempo que los inducía a sentirse diferentes e incapaces de elegir el rumbo de sus vidas.

Me encontraba perplejo y desconcertado. Necesitaba espacio. Volver a sentirme dueño de mi vida, y sobre todo de mi mente. Tener la posibilidad de respirar aire puro.

Decidí que podía dedicar una parte de mis ahorros a mí mismo. Tenía el presentimiento de que sería una buena inversión y me planteé tomarme un año sabático. En mi despacho la decisión causaría cierta sorpresa pero lo aceptarían sin duda.

Y así comenzó aquella aventura que se inició en mi mente y que, sin saber cómo, tomó cuerpo hasta hacerse realidad.

Fue de ese modo y por esas causas que un día me vi frente al volante de mi querido Land Rover iniciando un camino diferente para explorar otros mundo y opciones.

La primera sensación al sentarme en mi Defender y no tener ni prisas ni un destino me sorprendió. Era algo inusual y desconcertante.

Los vehículos con los que me cruzaba estaban ocupados por hombres y mujeres que se dirigían nerviosos a sus trabajos o llevaban los niños al colegio. ¿Por qué había salido yo sin necesidad a aquella hora punta en la que el tráfico estaba congestionado? No había razón alguna para ello; simplemente el hábito me había empujado a levantarme a la misma hora y a comportarme como siempre lo había hecho.

Ya no llevaba mi traje habitual sino que iba en mangas de camisa. Cuando atravesé la ciudad me encontré circulando en dirección contraria a la masa de vehículos que se dirigían hacia el centro, mientras que los carriles de salida se mostraban bastante despejados.

Había recorrido pocos kilómetros cuando decidí tomar un desvío y continuar por carreteras secundarias. La circulación por allí estaba ya tranquila y empecé a cruzarme con alguno de los enormes tractores que utilizan nuestros agricultores.

Conducía despacio; viajar en un Defender permite ese privilegio pues nadie espera que un vehículo así circule a gran velocidad. Muchos pensarían que se trataba de un vecino de alguna de las granjas cercanas que se acercaba cargado de aperos a su lugar de trabajo. Por otra parte, sus dimensiones y robusta apariencia impresionaban lo suficiente como para que otros compañeros de ruta se acercaran a él con prudencia.

Para obtener unos ingresos complementarios había decidido alquilar mi vivienda a un buen amigo que estaba buscando lugar donde alojarse durante unos meses. Habíamos concertado una renta razonable y el compromiso de que si yo decidía regresar en cualquier momento él seguiría allí alojado durante un periodo de hasta un mes más que le permitiera encontrar otro lugar donde acomodarse. Supuse que ya estaría haciendo su traslado y que todo iría bien. Lo había aleccionado sobre el funcionamiento de la casa y él sabía con quien contactar en el caso de que surgiera algún inconveniente.

Me sentía extraño al no recibir llamadas. A esas horas mi teléfono móvil ya debería estar echando humo. Pero había cambiado de número y el nuevo lo tenían muy pocas personas; solo la familia y los amigos íntimos, que sabían y entendían cuál era mi propósito con aquel viaje. Estarían a mi disposición cuando necesitara llamarles y ellos se interesarían por mí, pero solo de cuando en cuando. Respetarían mi retiro.

El teléfono profesional se lo había traspasado a uno de mis colaboradores y mis clientes importantes habían sido avisados de que yo me tomaría una temporada de retiro pero que estarían perfectamente atendidos. Me constaba que así sería.

Sin embargo, aquella sensación de «aislamiento telefónico» me incomodaba. No estaba aún acostumbrado a una nueva forma de vida. Y tampoco lo estaba mi mente. De vez en cuando mis pensamientos volaban hacia algunos de los asuntos de mis clientes y me era difícil desecharlos y asumir que ya no eran mi problema, al menos por un tiempo.

«Tendré que acostumbrarme a escuchar mi respiración», me dije. Eso requeriría el mismo esfuerzo que una clase de yoga para un novato.

Yo, que durante toda mi vida había sido una persona de empuje, ahora me encontraba con serias dificultades para gestionarme a mí mismo.

Siempre me habían fascinado aquellas carreteras de tercer orden que recorrían la campiña, los lagos y las montañas, así que eso me ayudó a transportarme lentamente hacia el nuevo modo de vida que acababa de iniciar.

Llevaba en el vacío asiento del acompañante un mapa y de vez en cuando paraba para reconocer mi posición, aunque la verdad es que me daba un poco igual. Lo único que tenía claro es que no más tarde de las 16:00 h habría decidido dónde alojarme. Una posibilidad que no descartaba era la de acampar o incluso tenderme a dormir dentro del Land Rover en algún lugar. Para eso había añadido a mi equipaje una ligera tienda de campaña y un saco de dormir.

Según pasaron los días, el tiempo tenía cada vez menos sentido. Los minutos y las horas me importaban poco. Nada me apremiaba salvo el hecho de disfrutar de cada momento con aquellos lugares y acontecimientos que la vida me ofrecía.

Me deslizaba por ella haciendo que mi mente buscara lo mejor de cada situación. Al principio tuve que entrenarme en ese ejercicio personal pero al cabo fui capaz de incorporar esa actitud a mi modo habitual de vivir. Estaba aprendiendo a ser feliz y eso me llenaba de satisfacción. Fue entonces cuando vi con claridad que muchas veces las personas ansiamos conseguir algo pero realmente trabajamos o nos esforzamos en un sentido equivocado.

A pesar de llevar ya meses viajando por los lugares más recónditos evitando acercarme siquiera a las zonas de influencia de las grandes ciudades, Europa seguía siendo Europa y por todas partes se percibía esa vocación oficial reguladora que tiene el viejo continente. Un ansia por mantener todo ordenado, normativizado y estandarizado. Aquel ser humano espontáneo, capaz de encontrar y usar por sí mismo los recursos necesarios para vivir en base a su talento, sus ingeniosas habilidades o su imaginación había desaparecido o se encontraba amenazado. Ahora todo estaba monetarizado y hasta el trueque de productos entre vecinos era perseguido por normas. El Estado protector asediaba la autonomía de las personas y había creado un círculo de acero en torno a él, al que todos nos habíamos acostumbrado. Además, los medios de comunicación habían adquirido una capilaridad e intensidad tales que vivir al margen de las noticias –la mayoría de ellas estúpidas e intranquilizadoras– era una misión imposible. El hombre medio aparecía por todos lados sometido a los mandatos de la moda, que le hacían parecer copia de otros.

Todo aquello me hizo sentirme de otra raza. Mi educación y mis experiencias de la niñez y juventud me trajeron recuerdos muy diferentes. Fue como si de repente me encontrara tan desfasado como un miembro de otra civilización.

Un día, un grito de libertad me sobrevino de improviso con una palabra: ¡África! Aquel continente afligido con el que el mundo tiene una deuda inmensa se convirtió en un referente diferenciador, un lugar que me llamaba y donde esperaba encontrar algo de aquello que buscaba y que en el mundo «desarrollado» se había perdido.

Así, sin saber cómo ni por qué y sin más afán que el de descubrir mundos nuevos que me resultaran sorprendentes, más naturales y libres, las ruedas de mi entrañable todoterreno me llevaron hasta las puertas del desierto.

Cero

Llega a mis oídos la existencia de un Amenokal, un hombre sabio elegido

Todo empieza en el cero; es el primer número. Sin el cero muchas cosas dejarían de tener sentido. Para mí ese momento cero empezó con unas palabras: *«A quien tiene poco, solo le queda la calma, pero eso le hace rico porque es dueño del tiempo»*.

Escuché esas palabras por primera vez de M'Hadani. Me parecieron tan sabias como inesperadas y misteriosas. Le pedí que me explicara algo más sobre ellas.

–No son mías –me dijo–, las escuché de boca de un hombre sabio.

–¿De quién? –pregunté interesado.

–De El Z'Geurt.

–¿Quién es? ¿Dónde vive? –aquellas palabras fueron tan directas y salieron con un tan acentuado acento occidental que incluso a mí me resultaron agresivas. Y, sin embargo, no era mi intención herir a nadie.

–¡Oh! En las profundidades recónditas del desierto.

–¿Le conoces bien?

–Es mi tío. Pero no sé si alguien es capaz de conocerlo.

–Me gustaría visitarlo si fuera posible.

Solo obtuve como respuesta el silencio. Elevé la mirada a las estrellas y allí quedó todo.

Supuse que lo que había construido como un interrogatorio en vez de como una amistosa conversación había tenido mucho que ver con su reacción y me reproché mi torpeza. Como si estuviera leyendo mis pensamientos, de forma inesperada me comentó:

–Quien sabe contar los segundos para él no padece la obsesión del quehacer ni del hacer más, ni del tener que hacerlo en ese instante.

–¿Tu lenguaje es siempre así de misterioso, M'Hadani?

Vi una sonrisa dibujarse en sus labios y sin hacerme más caso continuó:

–Quien domina la calma domina su respiración y los latidos de su corazón. Eso lo acerca al conocimiento y al misterio de la vida. Puede dar gracias a Allah. Cada instante de ese sencillo y particular acontecimiento te va acercando a la Verdad insondable y misericordiosa.

–¿Ese pensamiento es también de tu tío, el sabio del desierto?

Otra sonrisa sin respuesta y esta vez sin inmutarse.

–Lo relativo de la existencia y su insignificancia ante el firmamento te hace rico –dijo mientras su mirada vagaba en la noche.

Tomó la tetera del fuego y sirvió otro vasito para cada uno.

–El té es nuestra bebida. La tomamos caliente aunque pueda parecer un contrasentido con un clima tan caluroso. El té nos aporta el líquido que necesitamos y las calorías que nos dotan de energía. Nuestros movimientos son lentos y parsimoniosos, pero es solo un modo de controlar el enorme desgaste que sufrimos.

Luego hubo un largo silencio que yo llegaría a apreciar como una de las mayores riquezas del desierto.

Finalmente lo interrumpió.

–Es hora de descansar. Que Dios te dé una buena noche. *In sha Allah*.

NOCHE 1

ME INCORPORO AL VIAJE MISTERIOSO Y ESCUCHO SUS PRIMERAS PALABRAS

La marcha se detiene al atardecer. Hombres y animales se muestran cansados tras la agotadora y tórrida jornada.

El aire se llena con los berridos de las camellas que después de todo aquel esfuerzo aún proveerán de sustanciosa y energética leche al grupo. Su existencia es una bendición para los hombres.

Y el campamento comienza a asentar su silueta como un grano de arena más en medio de aquella inmensidad.

Tras la oración vespertina se encienden varias fogatas, o si se quiere ver de otro modo, la principal hace nacer vástagos que servirán para que varios inicien sus tareas de cocina. Estos amasan el fino y exquisito pan que hornearán cubriéndolo con la propia arena del desierto. ¡Bendita arena que proporciona el calor para crear tan suculento manjar! Otros preparan las verduras. Y en medio de todo comienza a hervir el agua para el delicioso té que se removerá una y otra vez acompañado de las hierbas de menta.

Entonces empiezan a aparecer los intercambios de palabras entre quienes llevan tantas horas de silencio para ahorrar esfuerzos.

Son como ritos preparativos del bien ganado reposo.

«Es bueno que los hombres escuchen las palabras que orientan su vida, pero aún es mejor que tengan interés por escucharlas, porque eso demuestra que ellos también son sabios. Porque el interés por hacer crecer la educación es el primer eslabón de la inteligencia.

Cuando el descanso se ansía y sin embargo el hombre se entrega a aprender, esa actitud es de admirar, tanto por sí misma como por el ejemplo que hace cundir en los niños. Es a través del ejemplo y la costumbre como adquirirán afición por distinguir lo sabio de lo vulgar y lo necio».

Noche 2

En la que exhorta a la humildad para aprender de los instintos básicos

«Cuando camines en caravana no pienses en las penurias del viaje, porque eso no altera la realidad y debilita tu ser.

Y tampoco mires al horizonte infinito, porque eso es un refuerzo de la ansiedad.

Piensa solo que cada uno de tus pasos forman parte del destino que tú mismo estás construyendo. Porque atrás van quedando tus huellas, que según se crean comienzan a desaparecer acariciadas por el fino viento racheado. Así de frágil es la obra de los hombres. Solo deja un leve susurro cuyo fin es apagarse.

Los animales siguen a un guía. Uno de ellos es quien lidera escogiendo el camino. Quien lo monta o conduce marca el rumbo para todos aquellos que componemos la caravana.

A veces lo más recomendable es caminar, porque aliviar el peso de aquellos a quienes se necesita no es menoscabarse en la autoridad sino saber utilizar la inteligencia para conseguir el mayor partido de ellos. Por eso los dirigentes de caravanas más experimentados saben echar pie a tierra cuando es lo más conveniente, alentar y acariciar a las bestias para que se sientan acompañadas en su duro trabajo, cuidar de que tengan el mejor alimento posible cuando lo requieren y estibar la carga de forma proporcional a sus fuerzas.

El gran y experimentado líder sabe entender tanto a los hombres como a los animales que componen la caravana. Porque ser exigente y exigir fortaleza no está reñido con saber comprender a los que le siguen.

Quien entendiera eso como debilidad es un necio, un irresponsable o ambas cosas. Caminar por el desierto jornada tras jornada exige cualificación, inteligencia y respeto. Nadie sigue ni presta su energía a quien no admira».

La mirada de Z'Geurt se posaba firmemente sobre los más jóvenes que lo escuchaban junto al fuego. Con su mirada parecía querer decirles que ellos serían los nuevos líderes, que serían los responsables de dirigir nuestra sociedad en el futuro. Y que su fortaleza, inteligencia, destreza y capacidad para dar ejemplo y estimular a los demás serían imprescindibles.

«Os debéis más a los demás que a vosotros mismos», les decía.

«Quien confía su vida y compromete el futuro de su familia en manos de un líder tiene todo el derecho a exigir que este sea sabio y prudente. Ni a los brabucones ni a los insensatos se les pueden confiar los bienes más preciados.

Elegir, por tanto, al conductor guía de la caravana no es algo que pueda dejarse al albur del viento ni a la inconsistencia de quienes, aún siendo mayoría, no saben valorar su importancia ni lo que está en juego.

Está bien rogar a Allah para que vele por quienes componen la caravana, pero no pueden entregar su irresponsabilidad a su sola protección».

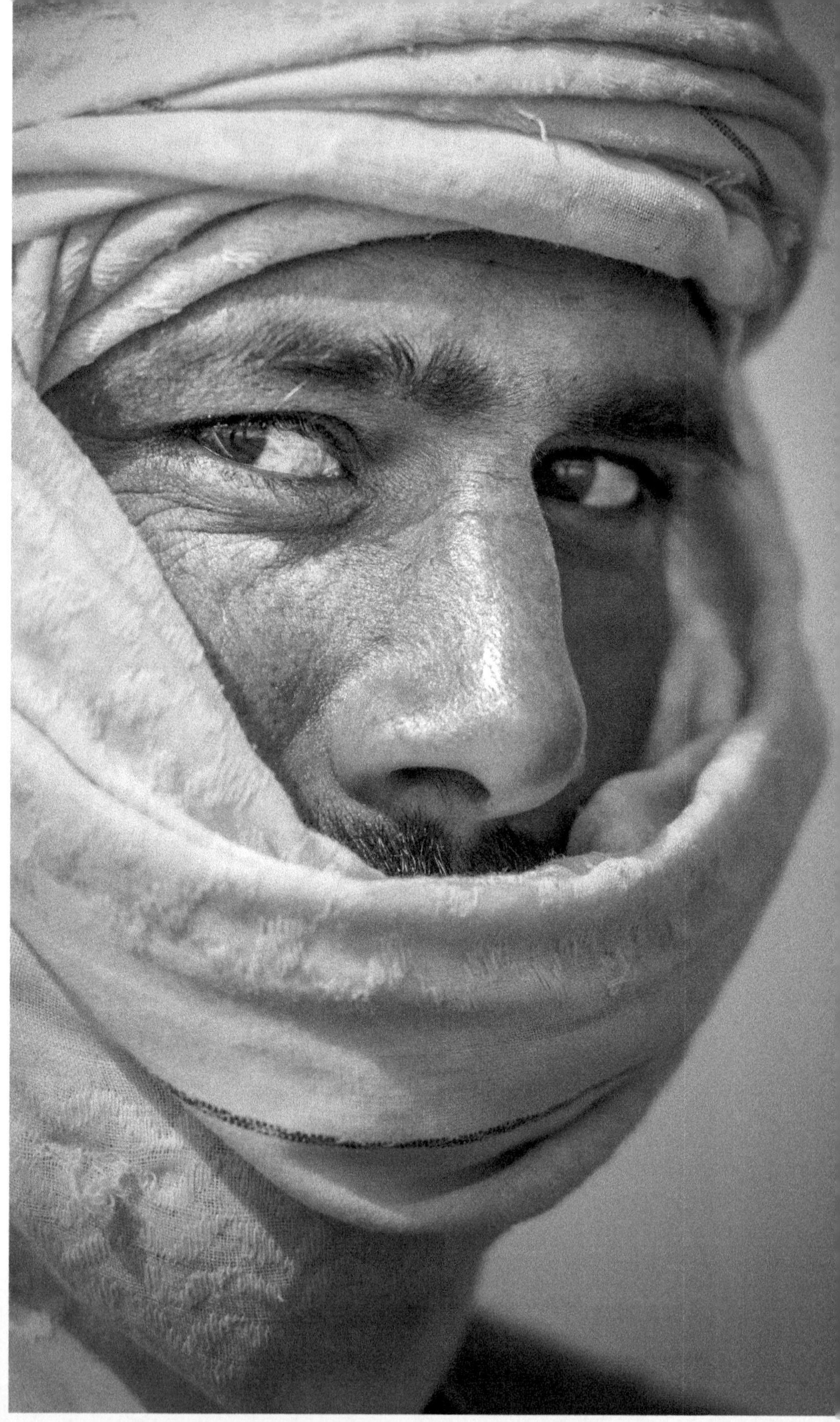

NOCHE 3

EN QUE ALERTA DE QUE LA PAZ NECESITA SER CULTIVADA

Quienes formaban la caravana se arremolinaron junto a la hoguera en aquella esplendorosa y estrellada noche. Njuil Zgeurtrie Ecdon, a quien todos conocían como El Z'Geurt, les clavó su negra y profunda, aunque ya anciana, mirada, tan humilde como respetada, y les dijo con firmeza:

«No seáis ingenuos. Sabed que la guerra siempre está presente. Lo más que conseguimos los hombres es situarla, por miedo, en estado de latencia. La paz es solo un suave y delicado velo que algunos utilizan como estrategia de falsa bondad para librar así las más corrosivas batallas».

Pronunció aquellas palabras con la lentitud de quien lleva consigo la calma tras pasar muchos años de desierto. Pero no pudo evitar que, a pesar de haber visto casi todo en la vida, un rasgo de tristeza naciera en su rostro.

Dejó que se asentara el silencio y luego prosiguió:

«Si queréis impulsar la paz tenéis que aplastar la sed de guerra en vuestro corazón.

Los hombres llevan la paz dentro de ellos, pero eso no significa que no deban hacer un esfuerzo por conseguirla. La paz no es gratuita; requiere proponerse conservarla pues no han de faltar impulsos externos con los que la vida pone a prueba la inteligencia y la fortaleza de los seres humanos.

Hay quienes dicen que los corazones de los hombres tienden a la maldad y a la lucha entre sí, pero eso no es cierto. Son falacias interesadas construidas por quienes desean con ello tener una justificación que les permita conseguir que los hombres luchen entre ellos. Pues de ese modo obtienen beneficio.

La guerra entre hermanos es fruto de la manipulación interesada de otras personas que excitan los más básicos instintos y extraen el animal primitivo que hay en ellos».

Noche 4

En que abre mis ojos a la profundidad del tiempo

Las conversaciones vespertinas cuando el sol empieza a declinar forman parte ya del descanso.

Los sonoros sorbos de té parecen modelar la prudencia, y el plato central único del que todos comen precipitando su mano izquierda es como un recuerdo del destino común que comparte toda la comunidad.

No parece existir la palabra prisa, como si de ese modo se pudiera prolongar y sacar mayor provecho a aquellas horas benditas que al fin pueden dedicarse a la reposición de energía.

La quietud, el té, los chisporroteos de la hoguera y las estrellas que empiezan a manchar de cal un firmamento que todos observan y admiran inducen a la quietud y al recuerdo de anécdotas, fábulas e historias.

Tras la dura jornada de agotador calor se agradece el fresco que va llegando. La hoguera se hace cada vez más enorme, alimentada con excrementos de dromedario. En un momento parece excesiva para la temperatura que hay que soportar, pero poco a poco el frío se radicaliza y entonces se agradece esa intensidad. Los hombres se acercan al fuego y los cuerpos se abrigan con las sólidas y viajadas mantas.

«De ese modo logramos ser dueños del tiempo, quizá nuestra propiedad de más inmenso valor», decía Z'Geurt.

«Cada quehacer debía incorporar a su tiempo de realización aquel que se dedica a la conversación. Porque aunque sea intrascendente, forma parte de la vida y es otra gran propiedad. Lo valioso no es lo que se posee sino las relaciones que se tienen y el modo en que se hacen.

Esa es la forma en que las palabras aprenden a fluir con calma. Porque antes de dejar salir lo inadecuado o lo necio, es mejor pensar si para eso merece la pena abrir la boca.

La vida consiste en adaptarse a la naturaleza; es una exigencia que impone el desierto para sobrevivir entre sus arenas. De ese modo las palabras caprichosas y las inconvenientes pierden sentido en este duro paraje.

Atended a las palabras pero cuidaos de las de aquel poderoso que proclama honestidad y humanidad, porque solo querrá sacar una buena tajada de beneficio propio. Las apariencias se ocultan tras el verbo, pero es el comportamiento quien demuestra el ser de cada uno.

No seáis ingenuos; son los políticos quienes manipulando y exacerbando a la gente llegan a enfrentar y provocar sangre entre las personas, no las religiones. Utilizan las palabras sagradas de escusa para conseguir su beneficio».

NOCHE 5

EN QUE EXPLICA QUE LA ESTUPIDEZ NO RECONOCIDA ES LA MÁS DAÑINA

«Vi la luz de esta tierra en una jaima levantada en medio del desierto. La leche de las cabras fue enseguida mi principal alimento. Y las arenas han sido siempre mi mundo.

Siempre vi a mi familia rodeada de camellas que a veces formaban en caravana, cargadas de fardos y organizando una línea de marcha que nunca se sabía cuándo regresaría.

Aquí hay pocas oportunidades de encontrar alimento, así que los animales son los mejores aliados. Hay que considerarlos como si fueran unos miembros más de la familia y proporcionarles los mejores cuidados. Sus productos son nuestros manjares y nuestra vida.

Hay hombres que creen que la naturaleza está al servicio de nuestra especie, pero esa es una forma muy burda de pensamiento pues lo único que está claro es que todos formamos parte de la naturaleza.

Ninguna especie inteligente de la naturaleza aceptaría destruir aquello a lo que pertenece, que forma parte de su ser y de lo que depende su supervivencia. Actuar de otro modo sería tan absurdo como estúpido.

Sin embargo, la estupidez forma parte como mínimo en idéntica proporción, si no en más, del modo de hacer de los hombres. Hay muchas muestras de la idiotez en los comportamientos, lo cual no es malo, siempre y cuando sepa calificarse de tal y se quede en una anécdota sin seguidores. Pero para que eso suceda, alguien debe dejar claro que algo es una estupidez, para que todos puedan distinguirlo y se eviten así confusiones en lo esencial. Esa es una de las misiones del jefe».

NOCHE 6

EN QUE APARECE EL EXPLORADOR LIBRE QUE BUSCA LA VERDAD EN EL FUEGO

Con la mirada fija en el fuego, El Z'Geurt abandonó su mente para recordar su niñez cuando rogaba que le dejaran sentarse en el círculo de hombres junto a la hoguera para escuchar las historias de tristezas y alegrías que allí se contaban.

«Afinaba el oído todo lo que podía buscando aprender aquella sabiduría de nuestros mayores».

No muchas cosas han cambiado en la vida del desierto. Pero ahora era él quien se veía rodeado de los que deseaban escuchar las fábulas y lecciones que tenía que contar. Era la sagrada ley de la trasmisión oral.

«Nunca aceptaré –decía– *la responsabilidad de tener que dar lecciones, pues eso es algo que te crea una obligación y una responsabilidad. Me gusta el equipaje ligero y el peso de una men-*

te presionada por el hecho de tener que atender las expectativas de quienes te escuchan sería una presión excesiva para mí. Prefiero que mi cabeza explore sin límite alguno para que sea la libertad quien conduzca mis pensamientos y empuje mis palabras. Mis pensamientos no tienen por qué ser compartidos y ni mucho menos admirados. No voy a negar escucharlos a quien desee oírlos, pero no los construiré para que parezcan convenientes ni para recaudar acólitos.

Las cosas son. El que los comportamientos se sientan criticados no es responsabilidad de la rectitud sino del grado de separación hacia ella.

Sabré si mi pensamiento es valioso cuando la conciencia de mi alma me diga que persigue la bondad».

Noche 7

En que descubre el valor de la belleza detrás de la apariencia

Aquel le parecía el lugar más hermoso del mundo. Nunca, más que ocasionalmente para atender alguna necesidad, había salido de allí, pero siempre había pensado que no podría existir otro lugar más maravilloso y a la vez más enigmático.

Era un permanente juego de coloridos contrastes. Desde los ocres hasta los suaves y dorados de las arenas, pasando por blancos inmaculados o grises y negros tan oscuros como cavernas. En medio las acacias estiraban sus ramas hacia el cielo para evitar ser devoradas por los herbívoros que a ellas se acercaban buscando sustento. Los cactus demostraban su fortaleza y capacidad de supervivencia dando toda una lección de vida al saber aprovechar y administrar la escasez.

Nada tenía que ver aquel paisaje con el de los oasis, que repentinamente hacían su aparición recordando que los milagros existen y que lo más desértico puede ofrecer el agua de la vida para quienes allí llegan. Entonces, en medio de aquel impresionante silencio se puede escuchar el goteo del agua caminando entre las palmeras que ofrecen sus dátiles de la vida.

En los atardeceres el firmamento pasa del esplendor más amarillento a los ocres y rojos encendidos, que parecen no querer ser expulsados por el negro azabache de la noche, que poco a poco ve aparecer sus estrellas, primero tímidamente para acabar manchando a brocha el cielo.

«El desierto es vida. Es una vida que se disimula y esconde. Una vida que hay que saber entender.

A veces observo el comportamiento del alacrán. Se me hace incomprensible que llegue a ser capaz de devorar a sus crías. Y me pregunto si las personas no hacemos a veces lo mismo. Los seres humanos con nuestros comportamientos creamos y desarrollamos economía, pero es peligroso cuando los términos de la vida se invierten y eso hace que las personas solo vivan para crear una economía más activa y mayor bienestar. ¿No es en cierta medida la ley del confort un alacrán que se introduce en las tribus como semilla para que se acaben devorando unos a otros?

Hay muchas formas de picadura, pero la más grave es la de la ambición desmesurada. Solo existe un antídoto contra ella y es el sufrimiento y la gran debacle.

Retirarse al desierto es un modo de adelgazar el entorno, de apreciar lo que es realmente importante y quedarse con la esencia de la vida. Las mentes más valiosas llevan el desierto consigo».

NOCHE 8

EN QUE EL HIJO DE LA ESCASEZ SE ATURDE ANTE LA ABUNDANCIA

«Un día, siendo chiquillo, escuché a hurtadillas contar a los ancianos, durante una de sus sesiones junto al fuego, que habían conocido lugares en los que las arenas no existían. Donde todo era siempre verde y frondoso. Y donde la lluvia no paraba sino que era casi permanente.

Lugares en las que las nubes ocultaban permanentemente un sol que se esforzaba sin éxito por aparecer. Y que cuando lo hacía tan solo conseguía enviar unos rayos esporádicos, débiles y tímidos que apenas calentaban el ambiente.

Mi mente infantil se imaginó aquellos lugares con terror. Jamás podría –pensó para sí– vivir en aquel extraño mundo.

¿Cómo algunas personas serían capaces de sobrevivir en aquellas circunstancias tan hostiles?

Y me acurruqué en el regazo de mi madre buscando protección ante aquel temor que me asaltaba e impedía el sueño. Nunca hasta ese momento había conocido una sola gota de agua caer del cielo. Y no podía entender que alguien derrochara de ese modo algo tan valioso».

Se sonrió al pensar que yo era uno de aquellos seres hijos de las aguas y los vientos, pero eso no le hizo callar. No sentía vergüenza por hablar con libertad y menos aún tenía que hacerlo al expresar aquellos sentimientos que recordaba que le habían invadido de chiquillo creando desasosiego en su mente infantil.

«Todavía aquellos recuerdos me estremecen y jamás olvidaré el calor de la caricia de mi madre ni el sentimiento de calidez, acogida y seguridad que su regazo me proporcionaba. Jamás llegaré a sentir nada tan pacífico, cálido e intenso como aquel amor.

Por eso quien da amor a un niño debe tener el mayor reconocimiento y protección».

Noche 9

En que explica los misterios de otros mundos

A veces dos caravanas cruzaban inesperadamente sus caminos convirtiendo ese día en jornada de alborozo y festejos.

Se acomodaban una junto a la otra y los unos contaban sus peripecias y experiencias a los otros. Casi siempre, además, se montaba un mercado improvisado entre ambas. El mercadeo fluye en las venas de quienes subsisten en el desierto. Es un modo natural de relacionarse.

En una de aquellas noches, alguno de los viajeros con los que se cruzaron comentó que la vida lo había llevado a un lugar donde sus habitantes se dedicaban a la pesca y que él los había acompañado en alguna de aquellas aventuras.

En aquellas lejanas tierras, decían, había un mundo de agua salada que era el protagonista de la vida, del mismo modo que aquí lo son el sol y las arenas. Y era también un mundo infinito, en cuyo inmenso horizonte se perdía la mirada. Contaron que salían cabalgando en un artilugio flotante al que llamaban barca en el que cabían varias personas y que se movía con la fuerza del viento o a base de remos que se adentraban en el agua empujados con destreza por los fornidos brazos de los hombres que los empuñaban.

Allí las comunidades vivían –explicó– de la captura de peces, algunos enormes. A veces salaban sus productos para poder llevarlos conservados consigo hacia el interior. Y hubo quien de hecho mostró aquel alimento.

Aquel relato le resultó apasionante. La baba que le caía de su boca abierta lo despertó de su ensimismamiento. Cada vez que aquel hombre hacía una pausa en sus explicaciones para sorber su té le asaltaba el temor de que hubiera llegado al final y en su interior rezaba para que su narración tuviera continuidad. Tal era el anhelo que le provocó y el impulso que dio a su imaginación. Soñó con que algún día sus ojos podrían llegar a ver un lugar semejante.

Hoy su barba ya estaba blanquecina y aquel sueño se había convertido en uno más de entre los deseos inalcanzables de su vida. Pero seguía viéndolo cuando a veces cerraba los ojos y se dejaba vagar sin rumbo.

Aquella noche el Z'Geurt no pronunció palabra alguna; más bien al contrario escuchaba ensimismado con profunda atención. Las palabras de aquel viejo mercader le habían conquistado y mostraba un profundo respeto por él y por la vida que había vivido.

La sabiduría también se demuestra sabiendo escuchar. Hay mucho que aprender de las palabras de quien acumula profundas experiencias. No es sabio quien más habla y mucho menos quien pone en competencia su saber con el de otro. Sobresalir no es algo que uno pueda conseguir por sí mismo porque solo sobresale quien se gana el reconocimiento, y esa es una calificación que determinan los demás.

Aquella noche, con su ejemplar silencio y sus muestras de agradecimiento nos dejó un profundo mensaje. Vale más un sabio actuar que cien palabras.

Noche 10

En que Allah envía su regalo

De forma inesperada el cielo se oscureció en pleno día y las nubes pudieron con el reinado del sol.

Comenzó a caer agua. Aquello le pareció muy extraño, y pensando que podría tratarse de una premonición sobre el fin del mundo, sobre el que había escuchado contar historias, corrió junto a sus cabras hacia las jaimas. Cuál fue su sorpresa cuando vio a todos salir y con los brazos abiertos dar gracias a Allah por aquella bendición. Las personas se empapaban y sonreían.

Tenía seis años y nunca antes había vivido una experiencia así. Luego pasarían diez más para que se repitiera y poder asistir de nuevo a un acontecimiento semejante y tan anormal de la naturaleza.

A lo largo de su vida comprobó cómo la lluvia espaciaba más y más su llegada.

Ya en su vejez solo él era quien podía contar a quienes lo seguían que había vivido un día en el que el cielo se abrió y llovió de tal modo que la base de las grandes dunas se convirtió en una laguna.

Los ojos de quienes lo escuchaban se mostraban entre perplejos e incrédulos.

¿Cómo podría abrirse el cielo de tal modo para dejar caer tanta agua?

Y pensaron que era una fantasía de aquella mente ya senil, aunque aún ágil y profunda.

«Allah nos enseña que tiene ese gran regalo escondido, y que por tanto se pueden atesorar riquezas que dan vida para administrarlas con cautela. Porque lo valioso se debe dosificar si se quiere hacer valer. Derrochar la riqueza es una torpeza propia de personas obtusas. Cuidaos de quien desea aparentar porque detrás lleva la ruina suya y la de su entorno.

El avaro no sabe usar con inteligencia lo que tiene y eso le hace introvertido, desconfiado y angosto de carácter. El sabio muestra generosidad sin dilapidar y enseña a los demás a cuidar lo que se posee, a poseer lo que es útil y a usarlo para beneficio propio y del entorno. Excluir a otro de lo que precisa cuando uno lo tiene en abundancia es una insolidaridad dañina para la armonía de la sociedad. Darlo a quien abusa repetidamente y muestra holganza o desafío es una temeridad y un modo irresponsable de entender la bondad».

Noche 11

En que se enfrenta con el mundo que desaparece

Aquella mancha que apareció en el horizonte fue poco a poco tomando forma. Al poco los penetrantes ojos de los habitantes del desierto pudieron observar que no se trataba de algo compuesto por la naturaleza. Tenía un halo artificial aunque estático.

Podía presentirse que tenía vida, y quienes tienen un oído tan diestro y fino como ellos podían incluso percibir algunos sonidos anormales que rompían aquel mundo de silencio en el que podían escucharse los zumbidos de las moscas.

Nadie sabía decir quién construyera en su tiempo aquella sólida *kashbah* ni tampoco si algún día llegó a ser habitada de forma permanente o tan solo de modo esporádico por avanzadillas de tropas que pretendían vigilar y hacer frente a enemigos invasores. Alguien dijo que había oído contar que aquellos recintos de adobe estuvieron rodeados de otras construcciones que acogían una pequeña población que en algún momento se había tragado el voraz desierto.

Decían que sus abuelos les habían contado que los suyos habían escuchado a su vez de los suyos que allí era tradición reunirse los mercaderes de caravanas durante unos días al año para celebrar el mercado.

Durante esas fechas, no solo se mercadeaba sino que se reunían parientes, se intercambiaban noticias y saludos o se concertaban matrimonios.

Eran unos días de celebración y fiesta en los que se cantaba y bailaba en las noches, donde los encantadores de serpientes mostraban su destreza y valor, o los adivinos predecían el futuro leyendo las rayas de las manos. O donde los «cuentacuentos» relataban historias fabuladas que, tradicionales o recién creadas, alumbraban la ilusión de los niños o de quienes ansiaban volver a serlo.

Noche 12

En que narra los enfrentamientos que llegaron de fuera

Hace muchos, muchos años, siendo él niño, la paz de aquellas inhóspitas y libres tierras se vio dramáticamente turbada.

«Llegaron intranquilizadoras noticias a través de emisarios de que enormes contingentes de hombres, todos ellos uniformados, usando caballerías y unos extraños y enormes artilugios móviles, se estaban acercando.

Las tribus nómadas siempre tienen largas orejas y ojos escondidos que los informan con antelación, así que nos dispusimos a ponernos en marcha hacia lugares más extremos y recónditos.

Hubo un día en que ocultos y simulados entre las rocas de una áspera montaña se pudieron observar sus movimientos sin peligro de ser identificados.

Dos enormes contingentes de aquellos rugientes artilugios metálicos se aproximaban frente a frente dejando entrever un clima hostil.

Cada uno parecía ostentar mayor poder, hasta que en un momento todo se convirtió en un vómito de fuego y estruendo. Era como cuando dos tribus se enfrentan blandiendo sus hirientes cimitarras o alfajes, pero su poder destructor era infinitamente mayor y mucho más sangriento.

Ambos bandos se comportaron como si cada cual se sintiera la única verdad y fuera dueño y señor de aquellos espacios que solo pertenecen a Allah.

Nuevos enviados nos comunicaron que las dos partes contendientes habían reclutado a la fuerza guías nómadas, capturados para que los orientaran con destreza por aquellos, para ellos, siniestros y enigmáticos, parajes.

Fueron días de vivir huidos y en escondrijos llenos de desconcierto e inquietud».

NOCHE 13

EN QUE NARRA CUANDO EL DESIERTO SACIA SU HAMBRE

«¡Oh amigos! –proclamó–, *el desierto también llora. Pero su llanto es de lágrimas secas.*

Esos surcos que se ven como jirones atravesando el paisaje y dejando huellas imborrables son los crudos restos de los sollozos que en algún momento allí se aposentaron.

Las lágrimas que esconden las arenas están ocultas, pero eso no quiere decir que no existan, sino que el dolor que expresan se encuentra amortiguado. Como si de un cementerio se tratara.

Pero en las jornadas de intenso viento se pueden escuchar sus tristezas, que empiezan como susurros antes de convertirse en grito violento de ensordecedor desconsuelo. Cargadas con la angustia contenida y oculta durante siglos atrapada bajo esas toneladas de arenas que les impiden demostrar la tragedia de su auténtico ser.

¡Si alguien tuviera el modo de mover las arenas del desierto y descubrir todo lo que con el paso de los tiempos se ha devorado! Porque el desierto es algo vivo que se mueve cada día para seguir los designios que Allah le tiene reservados.

Nadie ha podido ni podrá jamás someterlo. Lo que hoy es un vergel cuya existencia se complace en tolerar, mañana puede convertirse en un lugar polvoriento y esconder bajo él un gran cementerio.

Por eso quienes aquí vivimos adoramos cada día a quien conserva nuestra existencia.

Por eso pronunciamos con tanta frecuencia: ¡In sha Allah!».

¡Si Dios quiere!

NOCHE 14

EN QUE DESCRIBE CÓMO LA ILUSIÓN ES MÁS FUERTE QUE EL CONFORT

Nadie que no hubiera estado antes allí podría imaginar que aquella inmensa planicie pudiera estar cruzada por un tajo tan profundo.

Había que aproximarse casi hasta el borde para descubrir el corte y asomarse a él para admirar con gran sorpresa el vergel que en su fondo se escondía.

Un pequeño riachuelo exterior y las considerables aguas subterráneas que bajo él albergaba eran los culpables de dar vida a ese inmenso palmeral que se extendía durante tantos kilómetros como la vista alcanzaba.

Era un prodigio singular con el que la naturaleza nos dotaba y que el instinto jamás olvidaba, de forma que mucho tiempo después y desde tierras lejanas, un camellero siempre sabría orientarse para regresar allí y encontrar ese mar de vida. Eran nuestros lugares de supervivencia.

«A veces, en momentos de conformismo nos preguntamos por qué no instalarnos definitivamente en alguno de aquellos bondadosos lugares, pero al poco descubrimos que la inquietud y el viaje forman parte de nuestra alma.

Hay que tener entereza para saber distinguir entre lo que nos ofrece confort y lo que nos da la felicidad. La comodidad es grata y deseable siempre y cuando nos permita ser más personas. Y las personas somos parte del ambiente al que pertenecemos. Traicionar el entorno es renegar del propio ser y ese es el primer paso para perder la esencia.

Desplazarnos es como la ilusión que mueve nuestra vida y alienta nuestro espíritu. Es ese algo inamovible que existe en el interior de las personas. No sabríamos vivir de otro modo. Perderlo sería tanto como renunciar a nuestra vida. Porque así nos sentimos amos de la nada».

NOCHE 15

EN QUE EXPLICA LA IMPORTANCIA DE APRENDER LA VIRTUD DE LA CALMA

«La primera vez que vi a un viajero extraño me sorprendió que no llevara turbante ni cubriera su cuerpo con una chilaba. En su lugar utilizaba un sombrero para la cabeza mientras que sus pantalones y camisa quedaban al aire.

Decía combatir el calor llevando poca ropa y dejando partes de su cuerpo a la intemperie. Supuse que tendría sus razones, igual que nosotros tenemos las nuestras para vestir del modo en que lo hacemos.

Noté que sudaba en demasía y que el sol hacía estragos en su piel. De seguir así no sería de extrañar que sucumbiera a los efectos de una deshidratación, la cual solo combatía a base de beber mucha cantidad de agua.

Le intentaron explicar que la cámara de aire que sirve como aislante entre nuestras ropas y el cuerpo era nuestro salvavidas, pero no pareció tratar de hacer el mínimo esfuerzo por entender nuestras razones y opiniones.

Tampoco me pareció que comprendiera que la calma es una ley del desierto. Siempre parecía inquieto y víctima del desasosiego. Cuando estaba aquí parecía querer estar allá, y cuando llegaba al destino que ansiaba ya deseaba estar en el siguiente. Me sorprendió la angustia innecesaria.

Francamente no sé si había llegado a entender el sentido de la vida».

Noche 16

En que habla sobre la riqueza en el desierto

«Desde niño jamás poseí más que lo necesario para sobrevivir. Sé por tanto lo que es la mayor humildad.

Y también me enseñaron que la sonrisa es independiente de la riqueza. Porque la sonrisa pertenece al 'ser' de los seres humanos, mientras que el poseer es tan solo un envoltorio del 'tener'».

Francamente no sé si quien acopia muchos valores materiales valora tanto la sonrisa como quienes vivimos en la justeza, pero los humildes sabemos bien la felicidad que una sonrisa supone para quienes nos rodean. Y también la privación y falta de afecto que supone su ausencia.

Un gesto tan sencillo e insignificante pero sin embargo tan valioso. Nuestros padres pasaron por momentos muy duros y difíciles pero siempre se preocuparon de que a los niños nunca nos faltara el gran bien que es la sonrisa. Nosotros damos mucha importancia a la sonrisa porque, como la calma, da paz. Son para nosotros referentes importantes que dejar a quienes nos siguen en el ritmo sin fin de la vida. Porque quienes la entregan se olvidan de sí y dan ejemplo a los demás. Y no hay valores que se graben mejor como referentes que aquellos que se perciben con el ejemplo.

La sonrisa siempre demuestra que se piensa en el otro.

Los camellos y las jaimas son nuestra única riqueza. Pero es una falsa riqueza, porque quien necesita lo que tiene nunca es rico. Hay sin embargo quien así lo cree, pero no es más que una falsa ilusión.

Me educaron en el pensamiento de que nuestras comunidades son una fuerza reversible de riqueza en la que si a todos nos iba bien todos saldríamos beneficiados, y si alguien empobrecía o no contribuía era porque algo funcionaba mal y todos estábamos en riesgo. Por eso cada quien se afana en cooperar, porque la responsabilidad es con lo que se construye la vida en el desierto.

La vida entre las dunas de arenas es un riesgo constante y eso enseña que siempre se necesita a los demás».

Noche 17

En que se refiere a las sabidurías

«Ninguno de nosotros en aquella comunidad de camelleros nómadas sabíamos leer ni escribir salvo uno que ponía su sabiduría al servicio de todos los demás. A él se acudía cuando recibíamos alguna carta de la familia o necesitábamos enviar noticias a través del correo.

Nadie prestaba gran importancia al hecho de ser analfabetos. Especialmente porque al ser una característica general no había diferencias entre nosotros ni por tanto razón para avergonzarse. Además, la ley del desierto presta más atención a otras cualidades tales como el compromiso y el respeto a la palabra dada. Eso sí que se considera una cualidad realmente necesaria y relevante.

La palabra era más que una firma. Porque los tratos se sellaban con una mirada sincera y un apretón de manos.

¿Para qué necesitábamos leer las letras si teníamos la palabra para comunicarnos y la buena fe para respetar lo acordado?

La cultura es importante, pero lo realmente trascendente es lo que se haga con ella y el uso que se le dé. Es en el comportamiento en lo que se distingue la calidad de las personas. Por eso se nos enseña a cuidar los modos.

Se nos enseña a exigir lo que es justo en el mercadeo. A saber decir ¡no! sin enemistarse por ello. Y a respetar el acuerdo cerrado aunque después venga una oportunidad mejor. La palabra comprometida es la entrega del propio ser de la persona y quien faltara a ella llevaría una mancha imborrable para siempre y todos se lo reprocharían. La confianza rota tiene muchos problemas para ser borrada.

El prestigio lo da el respeto al comportamiento ante los demás y ante nuestras normas tradicionales. Eso, llamado sensatez y honradez, es lo que dignifica a la persona.

Así es la vida entre las arenas y los pedregales del desierto».

Noche 18

En que se refiere a la quietud como alimento

«Nuestra mente esconde mucho más que el saber. En ella se guardan muchas más fortalezas que debemos descubrir y que son imprescindibles para sobrevivir en el desierto cuando, por ejemplo, tu vista no tenga hasta el horizonte más que una inmensa planicie sobre la que el sol ejerce su pleno poder como rey y señor.

Una mente del desierto debe aprender a leer en las bestias y traducir sus instintos, porque pueden salvarle la vida. Su especial sentido de la orientación o del peligro no se pueden desdeñar jamás.

No creerte superior a ellas es una virtud que no está reñida con saber imponerte cuando sea preciso.

Recuerda que tu mente es dueña de tu cuerpo y si la adiestras podrás dominar su tendencia a excesos que aquí pueden resultar mortales. Así, la calma es imprescindible para que aflore la prudencia. Aprender a tolerar la nada y la quietud te permite adueñarte de esa necesaria parte de tu vida.

No tener actividad y saber permanecer impasible cuando el gran señor de las arenas arremete con toda su fortaleza de intenso calor forma parte de esa otra sabiduría.

La quietud alecciona y coloca a tu cuerpo en la situación de menor consumo y mayor supervivencia. Hay que saber esperar hasta conseguir que la mente encuentre ese mundo blanco de meditación por el que puede llegar a navegar placentero y abandonado sin sentir presión o inquietud.

Las horas en ese estado descubriendo el sentido de la nada también son tu vida. La latencia te dará el poder del autocontrol. Así también dominarás el hecho de que el duro suelo no atormente tu cuerpo en las horas de sueño y le enseñarás a soportar los castigos del sol.

Aprende a replegar tu cuerpo cubierto de ropas para protegerlo de su exposición al exterior y descubrirás la riqueza de explorar el ser insondable que tu interior esconde.

Endurece tu cuerpo, no tu corazón. Así conseguirás la fortaleza sin perder la sensibilidad.

Todo esto forma parte del terreno bien abonado y frondoso que debe cultivarse desde la infancia».

Noche 19

En que habla del tránsito como liberación frente al apego

«Ser nómada no es estar en permanente viaje, sino que el traslado y el camino forman parte de tu existencia.

El nómada no está en movimiento continuo, sino que se asienta por espacios de tiempo indeterminados antes de volver a desplazarse.

Y, como sabemos la dureza del trayecto, sabemos encontrar el placer en el reposo y lo valoramos especialmente.

Vivimos en un espacio libre y sin límites. Un lugar de todos y para todos que no tiene más dueño que Allah.

Durante el agobiante estío evitamos salir hasta que llega la noche. Conservamos en la mayor penumbra nuestras jaimas construidas con pieles de camello o cabra, y solo al marcharse el sol o antes del amanecer salimos a recoger agua de los pozos en nuestras vasijas de pellejo. Entonces nos ilumina el inmenso firmamento.

Tener que vivir así, sin terrenos de los que ser propietarios, nos libera y enseña a cuidar los lugares por los que pasamos porque algún día deberemos volver a asentarnos en ellos.

No somos tan solitarios como algunos piensan. Vivimos en pequeñas comunidades unidas por algo más que lazos familiares.

Sin embargo, y aunque seamos un clan, nunca ponemos nuestras jaimas una junto a otra ni formamos un círculo con ellas porque nos gusta salvaguardar la intimidad.

Permanecemos en un mismo lugar durante un tiempo y nunca sabemos cuánto nos quedaremos. Las causas que nos impulsan a movernos son variadas, pero en buena medida son nuestros animales y su sustento quienes más peso tienen en nuestra decisión de desplazarnos.

El tiempo que permanecemos estables es como un periodo de latencia. En parte lo dedicamos a preparar la partida organizando una gran caravana que atraviese el desierto.

Un día llega ese momento y todos los miembros del grupo empezamos a recoger para ponernos en marcha.

Por discretos que queramos ser, los animales perciben de inmediato cualquier mínimo atisbo de preparativos. Su sensibilidad hacia la inquietud humana, por leve que sea, es extraordinaria y enseguida comienzan a desperezarse. Saben mejor que nosotros que un tiempo demasiado prolongado de quietud abotarga los cuerpos y delimita la fortaleza de mente que el desierto exige. Por eso mismo el confort excesivo y prolongado es uno de nuestros más peligrosos enemigos».

NOCHE 20

EN QUE SE REFIERE A LA HOSPITALIDAD Y LA LIBERTAD

«No os confundáis; la libertad es cosa diferente al confort. Ser libre no es necesariamente vivir del modo más cómodo ni hacer lo que se quiera sin pensar en los demás.

Ser libre es una sensación. La misma regla que de un modo puede resultar opresora, en otras circunstancias puede considerarse una expresión de libertad. Así de voluble es.

Los beduinos, bien seamos nómadas o fellahin (agricultores), tenemos pocas normas: cuidar nuestros animales y evitar riesgos para los demás, proteger los pozos y usarlos con cuidado, escuchar la voz de nuestros ancianos, etc. Creemos en ellas porque sabemos que protegen y dan sentido a nuestras vidas.

Cuando bajamos a los mercados de las ciudades, vemos cómo allí se multiplican las reglas y las solicitudes de permisos para organizar aquellos cúmulos de personas. Tenemos la impresión de que muchas de ellas tienen más fundamento para que quien ostenta el poder deje bien claro su dominio que para servir de ayuda a los pobladores.

Sin embargo, cuando somos nosotros quienes organizamos los encuentros y mercados, somos mucho más sencillos. Simplemente decimos a los recién llegados: 'Sed bienvenidos. Asentaos donde mejor queráis. El desierto es vuestro'.

Nosotros creemos que tienen más utilidad los principios que las normas. Por eso tenemos en tan alta estima las recomendaciones de nuestros ancianos. Ellos saben que el sabio consejo de la experiencia tiene más valor que la orden más rotunda. Nada tiene más poder que el buen consejo en nuestros dominios.

Veo a personas cambiar libertad por alcanzar niveles de comodidad y practicidad que para nosotros son inalcanzables e inimaginables, y sin embargo les vemos insatisfechos y quejosos. Para nosotros, un tiempo sentados o retumbados en las alfombras tejidas por nuestras familias junto a una simple tetera y bajo las estrellas es todo el confort que necesitamos para ser libres y felices. No, el confort no te hace libre sino a veces incluso más dependiente.

Los beduinos nos sentimos libres porque somos dueños de nuestro tiempo.

Somos libres de hacer lo que queremos y sabemos que debemos acarrear el peso de nuestras decisiones y actos. Por eso procuramos buscar la compañía de la prudencia. El riesgo está siempre demasiado a flor de piel entre nosotros. Al contrario que otras culturas en las que los hombres nacen esclavos y deben luchar por conquistar porciones de libertad mediante reglas que los protejan, nosotros nacemos en la libertad más absoluta, y nuestros, más que reglas, modelos de comportamiento tienen por finalidad protegernos del hecho de no tener impedimentos para hacer lo que queramos».

Esta es una tierra que resuelve misterios insondables. Estando aquí comprendo que los grandes profetas se retiraran al desierto para encontrar su ser y descubrir la libertad.

Noche 21

En que habla de sabiduría, paz y riqueza

«El encuentro con la sabiduría llega cuando las canas comienzan a teñir los cabellos. Por eso los pueblos beduinos respetamos, escuchamos y cuidamos tanto a nuestros mayores.

Hasta unos años los impulsos lo pueden todo y se destina demasiada energía hacia lo inmediato.

Los cabellos grises templan la mirada, dan perspectiva hacia el horizonte, reflejan la experiencia de los errores cometidos y los aciertos acumulados. Lo sufrido y lo gozado modulan las perspectivas e inducen a buscar lo importante y lo trascendente: el camino de la verdad.

Así se aísla lo banal y se destila la esencia. Eso hace llegar al prometido y ansiado oasis de la paz. El lugar donde el ser se adueña del tiempo y el sosiego envuelve la auténtica existencia.

Allí los caminos son largos pero las rutas placenteras. Es el camino hacia la luz; un lugar donde jamás faltan los sonidos plácidos del agua en un entorno de calma y donde solo el trinar de los pájaros acompaña al silencio. Y donde siempre existe el olor de las rosas que perfuma el ambiente o el sabor de los nutrientes dátiles que endulzan el paladar.

He visto a demasiados ricos sufrir por la angustia que les produce la incertidumbre. El desierto es, por contra, siempre voluble. Aquí el único control posible es saber adaptarse a las circunstancias inesperadas que puedan acontecer.

Si algo no te ayuda, retíralo de tus pensamientos y encontrarás que ese espacio vacío puede rellenarse con sensaciones de libertad. Eras tú quien lo empobrecía».

NOCHE 22

EN QUE SE REFIERE A LOS PELIGROS INVISIBLES

«Quienes somos hijos del desierto sabemos que lo cruzan ríos de arena. Largas y densas corrientes arenosas que forman llagas repentinas en un desierto que hasta ese momento aparecía con un firme sólido y rocoso.

Suelen encontrarse calmos. Ofreciendo simplemente la marca de una cuenca fluvial estable y quieta aunque siempre acechante.

Sin embargo, los animales al llegar ante ella se muestran inquietos y aturdidos. Se niegan a obedecer las órdenes de quienes los montan. Cualquier camellero sabe que es el momento de que el instinto animal sea quien mande en sus designios. Y son ellos quienes, sin que sepamos cómo ni por qué, llevan sus pezuñas por un lugar y no por otro.

Algunos de nuestros mayores juran haber visto a esos ríos convertirse en torrentes en los que sus arenas se desplazaban con idéntica velocidad con la que el agua corre por un profundo arroyo de montaña.

Nadie sabemos lo que los motiva, ni por su infrecuencia hemos sido capaces de detectar síntomas de premonición. Solo los animales barruntan con inquietud el inicio de ese desconocido fenómeno. Forman parte de eso incomprensible que es el desierto.

Tal vez sus vientres escondan en sus insondables entrañas los secretos de lo dañino y del mal.

Quizá lo malvado fue en esas cavernas profundas e insondables donde encontró su alojamiento para conservar su esencia latente aunque siempre dispuesta a emerger. Lo maligno estalla cuando las personas encuentran en ella utilidad para sus propósitos.

La maldad nunca dejará de existir, aunque el hecho de que quede hibernada o aflore depende de la decisión humana. La maldad en sí misma no es nada; necesita el concurso estúpido de los hombres para activarse. La maldad es un absurdo; una rama deficiente de la naturaleza de los seres humanos que padecen adicción a la mortificación inútil. Porque la maldad siempre revierte. Su efecto rebote es exponencialmente creciente».

Noche 23

En que refiere la inmensidad entre las estrellas

«El firmamento esconde todos los secretos porque él lo ha visto todo.

Su fondo primero se oscurece hasta que al final alcanza su negro zaino y empieza a salpicarse de alguna que otra estrella.

Poco a poco aquellos luminosos lunares se van multiplicando y es entonces cuando su droga inicia el efecto adictivo que va creciendo al tiempo que la Vía Láctea va blanqueándose como una pizarra rasgada por brochazos de tiza.

A esa luminosidad se le va adhiriendo con rapidez el frescor atmosférico que hace descender bruscamente la temperatura. Ambos unidos añaden intensidad y embriaguez a los sentidos al mismo tiempo que ensanchan el alma.

Es imposible olvidar dar gracias a Allah por este espectáculo. Aquello tiene que ser su creación y una muestra de su generosidad infinita.

¡Allah es grande! Inmensamente grande y misericordioso. Inmensamente Dios.

Todo lo empequeñece con su grandeza. Su inmensidad es el recuerdo de nuestra pequeñez. Un recordatorio imborrable de tu insignificante misión en la vida. Lo insondable es misterioso. Es bueno que así sea y así continúe siendo eternamente.

Muchas de las grandes respuestas están esperando en el firmamento. Cada estrella esconde una estrella, y detrás de ella otra y luego otra. Así se crea un viaje por los insondables e inagotables rincones de lo que jamás llegaremos a comprender.

Porque es como querer penetrar en el alma de Allah, el insondable, el grande, el misericordioso».

NOCHE 24

EN QUE RECUERDA OTRAS FORMAS DE LENGUAJE

Aquella noche era especial. Millones de estrellas llenaban el cielo creando un ambiente de inmensa intimidad.

El brochazo blanquecino que atravesaba el firmamento parecía querer demostrar su poderío e invitaba a un diálogo en el que inevitablemente te encontrabas insignificante.

Y en medio de todo aquello la luna llena parecía estar más próxima que nunca mostrando la silueta interior de aquella anciana encorvada en medio de su fulgor.

A pesar del magno ambiente y de la desproporción entre uno mismo y aquel soberbio firmamento, se crea un clima que abstrae la mente y la aísla. Podría estarse en medio de una multitud y sentirse un diálogo bilateral exclusivo.

La soledad, como tantas cosas, no es algo objetivo sino un sentimiento. Y los sentimientos a veces pueden suponer un coste que nada tiene que ver con la realidad. Son una traducción que nosotros nos hacemos.

El desierto habla en susurros aunque a veces levante su poderosa voz en forma de tormenta. Pero en la noche siempre es poesía.

Hay muchos modos de compañía y la de las estrellas es una de ellas.

La existencia o no de otras personas es solo una circunstancia; un instrumento con el que nos envolvemos. Pero al igual que hay soledad en compañía de semejantes, que es la más terrible de ellas, hay calidez en ausencia de personas.

Las estrellas hablan. Y tan sabias son sus palabras que incitan a los diálogos. Por eso la soledad del desierto llega a llenar y expandir el espíritu.

Es uno de los misterios que escondemos los hombres en nuestro interior. Está ahí, al alcance de nuestra mente.

Salam aleikum.

Noche 25

En que cuenta la alianza con la oscuridad

«La luminosidad toma tal intensidad en algunos momentos que puede convertirse en fuego.

Los beduinos, que somos conocidos como moradores del desierto, podríamos ser también llamados 'buscadores de la oscuridad'. Y es que en ella encontramos paz y vida.

Durante los meses especialmente tórridos las sombras más drásticas son nuestro mejor refugio. Nuestros pueblos estables, construidos de adobe, son hijos de la noche, que es cuando comienza nuestra actividad.

Como defensa frente a los rayos del sol, hombres y bestias permanecemos en las guaridas recónditas que se esconden en el interior esperando la noche y aguardando del modo más inmóvil posible.

Por eso desde niños se nos adiestra en la quietud.

Cuando el sol abrasa todo se hace hostil. Y lo hostil activa la sensibilidad y la solidaridad beduinas. Quizá lo mejor de los seres humanos brota y florece cuando se sienten colectivamente agredidos.

¿Y si fueran el temor o el sufrimiento lo que acercara a la virtud?

Allah wahdah yaelam. Solo Dios lo sabe».

Noche 26

Se refiere a la alegría del encuentro y la hospitalidad

Allí abajo, y a pesar de la lejanía, estaba la vida y el nuevo viento encendido nos traía su recuerdo. Un niño lloriqueaba mientras otros jugueteaban y reían. Las camellas, aparentemente ajenas, a veces berraban.

Las estancias pueden adoptar todos los formatos según el momento del día, y muy especialmente en la épocas en las que el sol abrasa. En un momento en una cocina, en otro en un taller diminuto e improvisado en el que se crean hermosas alfombras o donde se secan pellejos, en otro un comedor y por la noche un dormitorio en el que se acoge a todos salvo a aquellos que desean dormir al raso.

«Los nómadas somos pueblos alegres porque sabemos agradecer la alegría en los momentos en que aparece en nuestras vidas.

Nuestras celebraciones son una expresión de nuestro sentimiento y cultura interiores. Son además ancestrales porque nuestra cultura tradicional es verbal y respetamos las historias que nuestros mayores recibieron de los suyos.

Las mayores, además de las bodas, son esas noches de fiesta en que las familias de una tribu celebran su encuentro. Todo es entonces gozo y sonrisa. Intercambio de noticias y saludos. Entonces nuestras jaimas se abren para acoger invitados.

Entender los ritos, la alegría, la diversión y la convivencia te ayudará a comprender el espíritu y la riqueza que se oculta tras la frágil cobertura que el cuerpo ofrece a los hombres.

En una noche de fiesta por el reencuentro de las familias, asciende a la duna próxima más elevada y escucha desde allí el retumbar de los tambores, las canciones y los gritos que acompañan el sonido de los sencillos instrumentos.

Desde aquí arriba observa el fulgor de la hoguera y los movimientos del campamento.

Comprenderás el ser de los hombres. El modo de celebrar y expresar su alegría dice mucho cerca de su forma de ser».

Noche 27

En que habla de la maledicencia como arma destructiva

«Las comunidades pequeñas son especialmente sensibles para lo bueno o para lo malo.

Del mismo modo que los comportamientos positivos pueden impulsarlas y hacerlas fuertes, los negativos pueden demolerlas con inmediatez.

Tenemos muy asumido desde niños que la armonía es nuestra mejor garantía de supervivencia y el mayor impulsor hacia la felicidad.

No hay nada más corrosivo y destructor que la revancha anidando en el corazón de las personas.

Se extiende más y con mayor rapidez la mala fama creada por un comportamiento inaceptable que el ejemplo honesto de cien personas. Por eso nuestras leyes son severas con pecados como la calumnia, porque saben que es el mayor corrosivo y la mejor fuente de enfrentamiento. No hay arma más cruel que pueda usarse contra un enemigo. Si quieres destruir una comunidad, deja paso libre a la calumnia. Contemplarás de inmediato cómo la envidia y el odio nacen entre las personas y una vez en marcha es un reguero de pólvora imparable.

Nuestras tradiciones se concentran en extraer lo más positivo de las experiencias que vivieron nuestros antepasados desde épocas ancestrales. Sus enseñanzas son el reflejo de su aprendizaje a través de unas vidas que inventaron muchos recursos para superar inmensas dificultades.

Por eso las respetamos, les profesamos veneración y las conservamos con esmero. Son nuestro homenaje a quienes supieron traer hasta aquí la existencia y supervivencia de nuestra comunidad.

Olvidarlos a ellos y sus enseñanzas sería tanto como despreciarlos y desperdiciar la riqueza de su saber.

Y Allah, a través del desierto, castiga con la inanición a quien es orgulloso y displicente».

NOCHE 28

EN QUE REFIERE EL VALOR DE LAS PERTENENCIAS

«Os tentarán con salir de la monotonía, y los hombres del desierto podréis replicar: '¿Monotonía? ¿Qué es eso? No es posible para quien tiene un universo interior y exterior que explorar'.

Siempre encontrareis a alguien, probablemente un anciano, que vivió lo que vosotros ansiáis en un momento de su vida.

¿El aburrimiento está en vuestra mente?

Eso no es más que una figura dañina que se aloja en vuestras mentes y que debéis desechar. Cuando os veáis atacados por el aburrimiento mirad a vuestras familias y la armonía de vuestra comunidad. Ofreceos para colaborar y contribuir a ella. Dad gracias a Dios por ser poseedores de semejantes riquezas y sentiréis que el aburrimiento no existe. Es un simple espejismo de la abulia y la pereza. Una tentación del mal.

¿Desperdicio?

Eso es una ofensa a Dios y a vuestros semejantes.

¿Dilapidación?

Quien no tiene sabe que debe aprovechar todo. Nuestros antepasados nos han enseñado eso. Y debemos estar orgullosos de disponer de esta habilidad. No hay como la justeza de bienes para saber aprovechar el valor de las cosas.

Dadle al cuerpo todos los caprichos que os solicita y estaréis ante una pista deslizante sin fin. Será el primer paso hacia vuestra ruina porque el desierto se ocupará de aniquilaros.

Cuidad vuestra mente y mantenedla en la rectitud si no queréis ser pasto de vosotros mismos y alimentar vuestra perdición; porque consumirá vuestra estructura y demolerá las virtudes de vuestro cuerpo.

Somos más que nuestra mente. La mente es como un centro de control al que se puede llamar, conversar con él, hacerle sugerencias y darle instrucciones sobre su comportamiento o el modo en que debe hacerlo.

Puedes dejar que tu centro de control cumpla con su misión de dirigir pero puedes indicarle el modo en que debe hacerlo.

Tú eres más que tu centro de control y debes protegerte a ti. Ordénale por tanto que cumpla con su misión».

NOCHE 29

EN QUE HABLA SOBRE LAS SILUETAS DE LA MALDAD

«La maldad existe, es inteligente y tiene muchos formatos y disfraces.

La maldad se mueve entre subterfugios, aguas oscuras y sinuosos escondrijos.

La bondad a veces pasa desapercibida, porque el bondadoso es humilde, elude la ostentación y las alharacas. Sin embargo también debe ser frontal; no sabe lo que es la cobardía ante la deshonestidad. Elude los dobleces y no transige con la injusticia.

Cuando el malévolo se pone la careta de comprensivo es porque está al acecho y prevé de ese modo capturar las más suculentas piezas. Porque para la maldad, al igual que para la estupidez, cualquier rendija es útil para introducir su líquido corrosivo y romper la ejemplarización del honesto.

Guardaos de los amores y elogios de la maldad. Sobre todo cuando se disfraza de preocupación por conseguiros bienestar.

Y ¡ay! del pueblo que lo fía todo a la ley y su capacidad para imponer castigos, porque hace entrega vana de sus valores. Quien tiene como garantía de su convivencia solo la penalización de los comportamientos ilegales, está vulgarizando la bondad, la honradez y los comportamientos honestos olvidándose de elogiar, distinguir y premiar a aquellos notables por buenos y ejemplarizantes.

Porque si lo malo se extiende, aunque se declare ilegal, acaba percibiéndose como normal y aceptable. Y entonces la gangrena ya habrá penetrado en la sociedad. Con el paso de los años, las nuevas generaciones perderán el referente de la honestidad. Y ese es el mayor daño que puede hacerse a una sociedad y el inicio de su destrucción. Las leyes son de los hombres y son susceptibles de modificarse a su capricho. Los valores son de Allah, el justo y misericordioso».

NOCHE 30

EN QUE HABLA SOBRE EL HOY PASAJERO

«Recuerdo que uno de mis maestros me dijo un día en la escuela: 'Vive tu presente'.

Poco podía imaginar aquel buen y recto hombre que eso desataría en mi mente de niño la entrada a uno de los mayores y más insondables misterios como es el del tiempo. Un inmenso agujero de oscuridad en el que se conjugan pasado, presente y futuro.

Estábamos, cuando me comentó eso, los dos solos. Habíamos ascendido hasta lo alto de la mayor de las dunas que rodeaban el campamento, aquel día de regocijo y celebración. A lo lejos se veía el resplandor de la hoguera y se podían percibir la silueta de las jaimas y las personas que danzaban entre ellas y junto al fuego.

En todo el desierto retumbaban los tambores entremezclados con los sonidos de la música, los gritos y las canciones. Se celebraba el Aid al Fitr, la fiesta del fin del Ramadán.

'Escucha los sonidos –me dijo llamando mi atención–. Cuando llegan a tus oídos ya son viejos. Son el ayer de quienes los han emitido'.

Nuestro 'hoy' es, por tanto, la suma de los 'ayeres' de aquellos con quienes nos encontramos, cruzamos o relacionamos. Y por tanto su 'hoy' son también nuestro 'ayer'.

¿Qué es entonces el presente si cuando emitimos un sonido ahora lo que estamos creando es algo que sabemos que va a escuchar como un futuro inmediato aquel a quien nos dirigimos, y que cuando lo escuche será ya nuestro ayer?

Los humanos somos por consiguiente viejos, porque vivimos reaccionando al pasado de los otros.

'Mira al maravilloso y misterioso firmamento que Allah nos ofrece –me dijo elevando su mirada de forma casi respetuosa–. No es más que una visión del pasado. Por tanto lo vemos después de su futuro y a su vez quizá lo que estemos viendo solo sea una ilusión, porque cuando lo vemos ya puede no existir'.

Con tu 'ahora mismo' estás firmando tu 'ayer'.

Por eso creo –dijo bajando la mirada– *que mi mayor aspiración como hombre solo puede ser algo tan sencillo como dedicarme a construir sonrisas en los rostros de los niños. Eso es lo úni-*

co que rompe mi desasosiego cuando pienso sobre estas cuestiones y me hace sentir feliz por ver cómo cuando les llegue mi pasado será para ellos un momento de mi futuro que percibirán como una alegría de su presente».

Pocas aspiraciones hay más nobles y limpias que esa para pedir al inmenso firmamento.

Y entre el retumbar de los tambores vi a los niños corretear felices en la noche y junto a la gran hoguera. Al menos en su ayer más inmediato acababan de ser felices.

Noche 31

En que se refiere al valor de contar para hacer aprender

«Admiramos a los contadores de historias porque son quienes guardan nuestro legado y los que conservan lo que aprendieron nuestros antepasados. Son ellos quienes nos transmiten con la mayor pulcritud lo que a su vez a ellos les fue transmitido.

Cada generación debe crear sus propios contadores de historias porque serán ellos a su vez quienes dejen constancia de su paso por la vida.

Nuestra cultura se soporta mucho en palabras y poco en escritos. Ellas guardan nuestra historia y nuestra sabiduría. Por eso hay que saber elegir y cuidar a quienes las conservan. Ellos, nuestros cuenta-cuentos, son nuestros mayores sabios. Por eso, cuando tenemos que acometer una situación difícil, lo primero que hacemos es pedirles que nos recuerden lo que hicieron nuestros antepasados.

Procuramos además que no solo hablen para los adultos sino que nos gusta que también los escuchen los niños para mantener en ellos esta afición milenaria. Así empiezan a grabar en sus mentes nuestra sabiduría. Ellos van aprendiendo de las moralejas que se extraen de las palabras de nuestros contadores de historias. Y luego los más cualificados serán sus herederos, aquellos que mantendrán la herencia y se la trasmitirán a los hijos de nuestros hijos.

El gran fuego de la noche es como el hogar de las palabras. Y el centro de reunión y enseñanza de nuestro pueblo.

Las llamas invitan a que el espíritu vague por el firmamento en plena libertad. Los seres de la nocturnidad se encuentran a ellos mismos. Es allí donde mejor se predispone el alma. Allí donde la alegría emerge y predispone al espíritu.

Así hizo Allah con los hombres y por eso la luna está presente siempre como nuestro símbolo».

NOCHE 32

EN QUE HABLA SOBRE EL VIGOR QUE EL PACÍFICO ENTRAÑA

«No os confundáis; que seamos un pueblo que sabe mirar la estrellas y saborear pacientemente la calma no quiere decir que no seamos una raza caliente y activa.

La paciencia es una virtud a la que cuando se le pone fin con brusquedad puede resultar explosiva. Porque no hay mayor ni más drástico estallido que el que carga la paciencia ofendida.

Ser paciente no quiere decir que se renuncie a las ambiciones sino que es un método para conseguirlas. Tampoco supone llegar tarde a tenerlas porque lo importante es la eficacia, y la precipitación no suele ser buena consejera.

La paciencia puede hacer a veces incluso que crezcan las aspiraciones de forma desmedida.

El riesgo que esconde la paciencia es el cansancio y la saturación.

Tener paciencia con alguien no puede confundirse con renuncia, como torpemente creen algunos, sino capacidad para dejar espacio para que a quien favorece recapacite y modere la tensión.

El problema de carácter de quien tiene la sangre caliente es que resulta fácilmente excitable, y agrupados, los unos soliviantan a los otros pudiendo el conjunto adquirir una agresividad tan inusitada como sorpresiva. Desbocada puede llegar a la crueldad en todos los ámbitos, incluso en el familiar, creando peleas entre hermanos por baldías que puedan ser.

Una buena demostración son las razias y batallas que hemos vivido entre las propias tribus del desierto. Quienes en su día mercadeaban proporcionándose mutuo beneficio, al siguiente se acuchillaban despiadadamente.

La violencia del que es paciente cuando se siente ofendido puede resultar inusitada y estallar por una nimiedad en el momento más impensado. Las bridas desbocadas nunca son cosa buena.

Además la paciencia puede no ser más que la antesala de una violenta venganza.

El fruto de la paciencia tarda en madurar pero es como miel cuando se saborea».

Noche 33

En que se refiere a los «oídos de la nada»

«El camuflaje es todo un arte.

Te sorprenderás de la profundidad que tiene la mirada del desierto y de cómo siempre se escudriña tu comportamiento.

Te parecerá increíble la actividad que esconde esa inmensidad aparentemente solitaria y sin vida.

Te sorprenderá ver cómo tus palabras las lleva el viento con la rapidez del vuelo del halcón y cómo hasta en los lugares más recónditos se sabrá de ellas y de quien las pronunció.

En donde menos lo esperas, entre el sigiloso silencio y del modo más repentino puede surgir la aparición de alguien. La compañía en el desierto suele ser sorpresiva porque se acerca silenciosa a tus oídos y ciega a tu mirada. Eso te recuerda tu fragilidad porque has de saber que siempre te encuentras observado.

Para cuando quieres descubrir tú la presencia de alguien, ya lleva él horas y hasta días sabiendo de la tuya. Porque lo que para ti es una pisada leve y sigilosa, resulta ser como alborotos para sus oídos. Y lo que para ti es cautela, para él es como el barrunto de una estruendosa tormenta.

Desde niños nos enseñan a observar y comprender los mensajes del silencio. Por eso la calma y la tranquilidad son unos de nuestros imprescindibles entrenamientos».

Noche 34

En que explica cómo el maligno enfrenta usando el pasado

«El desierto te enfrenta con la evidencia. El largo camino por las abrasadoras arenas aleja de lo banal y de lo estúpido. Porque cualquiera de ellas puede suponer un riesgo imperdonable.

La sabiduría del desierto enseña que malgastar energías en estupideces es, además de necio, imprudente.

Puesto que solo el hoy tienes delante, caminar mirando exclusivamente hacia el pasado te garantiza dos cosas: no saber hacia dónde vas y que tropezarás con todos los obstáculos del camino. Solo al insensato se le ocurre viajar así. Porque solo el necio se empeña en caminar mirando hacia atrás.

Saber olvidar el conflicto sufrido en el pasado o cubrirlo con la alfombra del perdón es el único modo de conducir la energía de forma inteligente.

Porque cuando se alienta el rencor y se le da rienda suelta, lo que se hace es echar la vista atrás, y ya os he contado lo que supone caminar de ese modo.

Es por eso que el olvido y el perdón forman parte de la mejor sabiduría para la vida.

La maldad es inevitable. Y lo trascendente no es que exista, sino la permisividad que se tenga frente a ella y la responsabilidad que se exija a quien actúa de modo maligno. Una tribu fuerte no solo la combate mediante un castigo ejemplar, sino que además destaca y premia con honores los comportamientos honestos y bondadosos, pues de este modo induce, orienta y enseña a los niños el camino correcto que se debe seguir.

Lo que Allah exige es que nos comportemos respetando sus principios y que sean juzgados por hombres de reconocida honestidad y buen criterio.

Estad alerta frente a las pretensiones de quienes pretenden regular con normas el modo en que se debe vivir, pues no podéis imaginar cuántas leyes injustas son capaces de dictar los hombres para justificar intereses y comportamientos deshonestos. Esa es la mayor trampa porque endiosando las leyes pueden justificar el abandono de los principios.

Todos pueden tener opinión, mas son pocos los que disponen de un criterio sano y honesto. Por eso, mejor que inducir a las personas a hablar es enseñarles a escuchar y distinguir a los prudentes por su recto y sensato juicio».

Noche 35

En que explica que hay una inteligencia que supera a la racional

«Un oasis en el camino es siempre motivo de regocijo.

Mucho antes de que nosotros podamos sospechar su existencia, nuestros dromedarios lo olfatean, aceleran su paso y demuestran su ilusión y obstinada alegría por llegar. Su instinto supera la fuerza de nuestras órdenes y ellos solos aceleran el paso hacia el deseado encuentro.

Dejarse llevar por la sabiduría natural de las bestias es con frecuencia el mejor modo de evitar riesgos y hasta catástrofes. Detectan las situaciones mucho antes que nosotros y nos alertan con su natural e instintiva prudencia. Por eso una inteligencia fundamental es la de saber interpretar y comprender el lenguaje de las bestias; porque tras ella está la experiencia de quienes nos hablan desde su sensibilidad para percibir situaciones con gran antelación a los humanos.

En el desierto, el hombre es especialmente frágil y es sabio reconocer que no siempre es el ser superior. Comprenderlo y aceptarlo puede evitarnos una catástrofe. Por eso Allah pone a nuestra disposición señales premonitorias para que podamos estar alerta.

Los hombres creen que la sabiduría está en la razón; sin embargo eso no es del todo cierto. Allí se encuentra solo una pequeña parte. Hay otra inteligencia que supera a la racional y que percibe signos de la naturaleza con mayor precisión y eficacia. Negar que existe es ponerse una barrera que te incapacita para entenderlo y adiestrarte. Es, por tanto, una necedad. Saber desarrollarla es adquirir un potencial de gran utilidad y un refuerzo de nuestras destrezas.

Hay que saber aprender también del camello».

Noche 36

En que explica el vuelo de lo acontecido

«Dicen que el viento del desierto trae noticias desde lejanos lugares. Que su sonido es como el vuelo de un pájaro que trajera anuncios entre sus trinos.

Hay un viento que sopla imperceptible, a ras del suelo, pero que remueve suavemente la fina arena haciéndola penetrante hasta en los más insignificantes poros. Es un viento sibilino por lo imperceptible, que suele aparecer en la noche, que agita alegremente el fuego, remueve sus brasas y salpica de chispazos los alrededores más próximos.

Es el viento suave pero poderoso que diseña cada noche los perfiles de nuestras dunas y que las afila dejando nítidas sus dos caras. Ese viento es el culpable del avance del desierto y de los movimientos de las dunas. Porque lo persistente, aunque suave, es capaz de transformar la tierra.

Hay otro viento delator que lleva la noticia del paso de una caravana a kilómetros de distancia. Es un viento en este caso polvoriento que se muestra lejano e imperceptible para los inexpertos, a modo de torbellinos que se elevan hacia el cielo de forma casi inapreciable para quien lo provoca, y sin embargo estridente por inusual en su entorno para quien vigilante observa de lejos el horizonte.

Recordad que no todo lo aparentemente inofensivo pasa sin dejar huella. A veces incluso es lo que más alerta.

Y hay un tercer viento que es descarado, irrespetuoso y hasta demoledor y asesino. Es como un borbotón de terror que se anuncia desde el horizonte. Que causa nerviosismo y pánico entre los animales y que puede avisar muy poco tiempo antes de su llegada.

Cuando en el desierto se desata una tormenta, sus arenas se transportan a miles de kilómetros enrojeciendo todo aquello en lo que se posan y penetrando en los lugares más insólitos y aparentemente blindados.

Ese es el viento de la violencia. El viento invasivo e irrespetuoso que, cuando ni siquiera los humanos sospechan que pueda aparecer, ya los animales barruntan su terrorífica presencia. Entonces se muestran intranquilos y se prestan a correr en busca de cobijo o protección. Luego una montaña de cientos de metros e incluso kilómetros comienza a poder vislumbrarse en el horizonte. El cielo que antes era azul se ve manchado por un torrente marrón rojizo entremezclado con grisáceos tonos cuyo punto de contacto con la superficie de las dunas desaparece entre lo que es un poderoso revoltijo de arena que comienza a anunciarse en forma de vendaval cálido y hostigante por el impacto de micro formaciones de arena. ¡Es el siroco!

Verlo acercarse provoca una sensación de entre curiosidad, estupor y horror entremezclados. Hace nacer el desconcierto sobre qué decisión tomar, pues hasta el más sólido cobijo capaz de soportar su ventisca puede convertirse en ataúd al ser completamente sepultado por las arenas si estas llegan a proponérselo.

Comparten su ser los amos del desierto con tres elementos: el sol, las arenas y el viento. Pero este es quizá el más de temer por lo sobrevenido de su presencia y su violencia. Es él quien modula las arenas y les hace tragarse ciudades o anegar pozos y sepultar oasis. Cuando el viento hace acto de presencia hasta el sol pasa a segundo plano.

Entonces los hombres lanzan con el mayor fervor sus plegarias e imploran: ¡Que Dios nos proteja! ¡Allah yahfazuna!

Porque la naturaleza acaba siempre enfrentando a los hombres con su ser».

Noche 37

En que hace descubrir el valor de lo imperfecto

Llevaba una especie de cayado defectuoso, lleno de arrugas e imperfecciones. Parecía haber sido elegido por feo y mal hecho. Se podría decir que nadie que hubiera podido tener opciones lo hubiera escogido de entre otros.

Su única virtud aparente es que daba la impresión de ser robusto, eso sí; pero como tenía tantos inoportunos dobleces, y cada uno de ellos parecía un camino hacia la nada que terminaba repentinamente, costaba entender que alguien pudiera apoyarse sobre él y sentir seguridad.

Cuando se sentó frente a la hoguera, lo apoyó entre sus pies y lo acercó hacia su cabeza dejando reposar la barbilla entre sus manos.

Su mirada, parada sobre la ondulada silueta de la cachava, parecía observar aquella gibosa y defectuosa imagen con agradecimiento, respeto y admiración. Cualquiera diría que se sentía orgulloso de poseerlo.

Sin hacer siquiera el más ligero ademán de mover un ápice su posición, comenzó a hablar, sus palabras huyendo de cualquier destinatario que no fuera el propio cayado:

«Doy gracias a Allah por enseñarme a amar lo defectuoso. Porque quien solo busca lo bello y perfecto tiene poco donde amar. El mundo está lleno de imperfecciones, y por eso quien tiene la capacidad de amarlo, ve ante sí un gran mapa de opciones. No por ser rugoso ni por estar mal hecho –decía a su cayado– dejarás de serme útil y yo por tanto de estarte agradecido. Me ofreces tu compañía, apoyo y seguridad. Tu forma ruda y poco agraciada no impide que tu madera sea fuerte y duradera aunque sea sometida a todo tipo de inclemencias. Hemos pasado mucho tiempo juntos, recorrido muchas andanzas y a veces me has servido de valiente defensa. El roce de mi mano te ha abrillantado el ser y suavizado tu tacto como si quisiera mostrarme un gesto inequívoco de hermandad.

Tu sustancia es regia y duradera, resistente ante el ardiente sol y al intensísimo frío que helaría a otras especies. Eres un recuerdo entrañable de la Gran Acacia, el reconocido como Árbol de la Vida, el que ha servido por siglos de punto de referencia y orientación a las grandes caravanas que cruzaban la inmensa soledad. Unos a otros se decían; 'cuando solo veas una planicie arenosa y eterna, oriéntate por la Gran Acacia puesta por Allah allí, erguida para servir de guía'.

Todos, durante siglos y generaciones, han hablado de ti y yo tengo el privilegio de llevar entre mis manos un pedazo de tu bendita fealdad. Fue el mejor regalo que un día me hicieran, la mejor herencia física recibida de mis antepasados y la mejor también que haré llegar a quienes me sigan.

Por defectuoso, pocos o quizá nadie te elegirían. Tampoco hay cuidado de que nadie te sustraiga pues no tienes atractivo y además eso delataría inmediatamente a quien te portara.

Pero eres mi propiedad más valiosa.

Alhamd lilah. Gracias a Dios».

Noche 38

En que recuerda que la ley de la tradición protege y alerta

«Hacer que se confunda el bien con el mal es una de las tretas más sofisticadas y sutiles que manejan quienes, de ese modo, satisfacen su interés por dominar a los demás.

Crear confusión entre lo que es un comportamiento que quiere mostrarse como admisible, aunque esté en el extremo opuesto de lo normal, y un recto comportamiento, es la puerta hacia la laxitud de conciencia y criterio.

Porque no todo lo usual, por comprensible que sea en cuanto a erróneo, es aceptable, al igual que ni siquiera todo lo legal es necesariamente justo.

Se puede entender y hasta tener tolerancia y templanza ante comportamientos erróneos e incluso dañinos por su levedad, pero eso no exime de la obligación de mantener firme una conciencia que haga a cada persona reconocer que ha obrado mal y le reproche su propio comportamiento. Así es como corregimos a nuestros niños en el desierto tanto los beduinos o los tuaregs de unas u otras tribus y familias.

Perseguir que se normalice el mal hacer por el hecho de que sea muy frecuente y tenga muchos adeptos es pretender que lo inmoral, por dañino hacia la persona o la sociedad, sea visto como aceptable. Y ese es el mayor corrosivo para las relaciones humanas. Las comunidades pequeñas que sobrevivimos entre la dificultad sabemos muy bien lo que es esto.

No confundáis nunca maldad con estupidez pues, aunque la maldad sea una estupidez, el malo en su mayoría no es estúpido, sino que sabe aprovecharse de los estúpidos que abundan entre los seres humanos.

Tampoco os confundáis con que por el hecho de defender lo bondadoso y la justicia se os vaya a dar la razón o el apoyo de los hombres pues comprobaréis que lo maligno, al igual que lo injusto, pueden conseguir una inmensa multitud de seguidores. Los necios, si no se les orienta, pueden formar una legión».

Noche 39

En que alecciona sobre el honor en el mando

«El poder y los poderosos tiemblan ante la fortaleza de las convicciones. Quien se siente fuerte aspira a dominar a otros y se mide a sí mismo por su capacidad de imponerse sobre los demás y obligar a que sean cumplidas sus órdenes e instrucciones.

Sin embargo, cualquier sabio conoce perfectamente que el dominio y la fuerza no son nada. Son tan solo formatos tras los cuales se simula lo que realmente se quisiera poder ser cuando realmente no se es.

Quien no trasmite la fuerza de las convicciones se conforma con que los vasallos le rindan pleitesía. Porque la fortaleza auténtica reside en la capacidad para representar las convicciones y valores que nos entrega la ley de la naturaleza.

Con unos pocos y sólidos principios las personas pueden reconocer a un gran líder y entregarse a él con firmeza y convicción. Sin embargo con la fuerza tan solo se consigue sumisión. Pero la obediencia no implica reconocimiento ni admiración.

Un jefe debe de ser admirado y reconocido por sus valores y principios. En eso reside la fuerza de la unión y sentimiento de respeto a las personas.

Esa es una fortaleza que se adquiere porque los demás la otorgan y no por el frágil revestimiento de un simple cargo. Esa es la diferencia entre un líder y un simple mandatario.

Es inteligente entregar el cargo al líder y no caer en la simpleza de llamar líder a quien solo ostenta un rango.

El liderazgo es un trayecto y no un simple instante. Es un honor que conlleva la responsabilidad y fidelidad a los principios y valores que rigen para el bien común de la tribu.

Es por tanto de suma importancia educar a los niños en la firme convicción de que en el líder deben resplandecer la honestidad y la justicia, porque en ellas se sustentan el respeto y la fuerza que dan continuidad a nuestra organización.

El líder debe sentirse orgulloso de actuar según esas virtudes y todos deben tener asumido que solo si es fiel a ellas debería poder seguir siendo el jefe.

Porque lo peor de la indecencia del líder no es ella en sí misma sino la estela que deja en las nuevas generaciones, que acaban viendo la po-

dredumbre moral como algo inevitable, natural y normal.

Por eso nosotros tenemos especial respeto y damos prestancia a nuestros ancianos; porque sirven de refuerzo para, con su experiencia, aconsejar las decisiones más equitativas, especialmente en aquellas situaciones más difíciles, de forma que ellos, como los representantes del pueblo, puedan garantizarnos a todos que sus actuaciones sean honradas. Y quien no respete la sabiduría de los ancianos no puede liderar nada.

Lo importante no es el modo en que se escoge el jefe ni el poder que acumula sino que tenga una conciencia del bien común, recta, por la que sea respetado.

Allah nos dio los principios naturales y los valores que como seres humanos debemos proteger siempre. ¡Solo eso nos protege!

Alabado sea.

Alhamd lilah».

Noche 40

En que explica el valor de la superación íntima

«El mejor yo es donde reside la capacidad de crear felicidad. Un intangible que se corresponde con un sentimiento que se crea en uno mismo y que se trasluce hacia los demás. Ahí reside la grandeza del ser humano.

Por tanto, busca tu halo que irradia felicidad.

Para nosotros ser felices es tener la vida en nuestras manos cada día. Caminar sabiendo que nuestros pasos crean el sagrado bienestar interno que hace sonreír a las personas por encima de las dificultades. El que crea ilusiones y da esperanzas.

La soledad hace valorar especialmente la compañía y poder tener a nuestro lado a nuestra familia. Vivir en armonía ayudándonos todo lo posible unos a otros y conservando tradiciones comunitarias.

Por eso la hoguera en la fría noche es nuestro núcleo y eje. La hoguera es un despertador del mejor yo que cada uno llevamos dentro.

El fuego es el símbolo que limpia nuestros corazones del odio y las desavenencias.

Su luz en la oscuridad de la fría noche y bajo la inmensa oscuridad del firmamento rasgado por el brillo de las estrellas enseña el camino correcto para ser persona.

Allah envía sus mensajes también a través del fuego.

Dios no hizo a los hombres para enfrentarse unos con otros. Ninguna divinidad puede perseguir más que la bondad.

Son los hombres diabólicos quienes, muchas veces disfrazados, provocan la lucha entre las tribus. Se apropian de los mensajes sagrados para encender los corazones de los fieles y enfrentar a los grupos para de ese modo saciar su ansia enfermiza de poder».

¿Adiós?

En que el reconocimiento y el respeto abren el corazón

Cuando llegó ese momento, los ojos de El Z'Geurt y los míos sostuvieron las miradas una frente a otra de modo persistente.

Esta vez, sin embargo, no percibí ni la dureza de la primera vez ni el ensimismamiento de otras ocasiones. En aquel momento, que hoy me parecía lejano, había cierta distancia o prevención al observarme. Hoy leía en ella cercanía y un cierto interés por conversar.

–Muchas gracias –le dije.

–¿Por qué me las das?

–He recibido unas extraordinarias lecciones que jamás olvidaré.

–No hay sabiduría en las palabras sino en la cabeza de quien las escucha y sabe interpretar. No me des las gracias por tanto; sería situarme en un lugar en el que no debo estar. Son los maestros a quienes les corresponde el pedestal del reconocimiento. Yo soy un simple camellero; un viajero con demasiados años ya sobre mis espaldas. Tú has oído lo que venías predispuesto a escuchar y has comprendido lo que tu interior te ha traducido. Si sientes que ha sido bueno, date las gracias a ti mismo y a Allah por haberte dado esos dones.

Luego continuó mirándome y me dijo, en ese tono que adopta quien se hace preguntas deseando encontrar respuestas:

–No me atrevería a opinar, pues no conozco bien tu cultura ni creencias, pero francamente cuando os observo noto un cierto desasosiego en vuestros rostros. Y, sin embargo, tenéis todo lo material que se pueda desear poseer, así que deduzco que debe de ser la parte espiritual donde tenéis alguna flaqueza.

Aquello me dejó algo confuso. Quizá fuera esa sensación la que yo mismo le había sugerido. Pero sin casi darme tiempo a más continuó:

–¿Ha pensado si el tener y el representar no os absorbe demasiada energía en relación a la que deberíais dedicar a cuidar el ser?

»Os observo demasiado precipitados, como angustiados y siempre con prisa. Sin embargo disponéis de las mismas veinticuatro horas al día que nosotros.

»¿Puede tener eso algo que ver con vuestra obsesión por fotografiarlo todo como si quisierais engordar vuestra propiedad? Porque la memoria es el mejor y más poderosos registro de imágenes que existe.

Seguía hablando con su clásica parsimonia, pero a diferencia de otras veces que parecía hablar al vacío, en esta se dirigía exclusivamente a mí.

–Me gustaría poder comprender la aportación y el valor de su riqueza si no sois capaces de comprar con ella el tiempo ni dominar la calma.

Lo dijo sin ningún reproche sino con gesto de sorpresa.

–Os veo embriagaros con el poder del desierto cuando este es tan solo el reino de la nada. Y me pregunto cómo puede sucederle eso a quienes son los dueños de todo. Creo que después de convivir este tiempo entre nosotros, me parecéis algo presuntuosos y superficiales. No me parece mal que penséis de vosotros mismos que sois la tribu que más desarrollo ha conseguido, pero ¿os habéis puesto a pensar que tal vez para otros el progreso tenga otro significado?

No me sentí en absoluto herido ni ofendido por aquella reflexión. En otro lugar y circunstancias hubiera entrado en el debate y empleado rotundos argumentos, pero después de aquellos días en el desierto sabía que todo aquello no tendría ningún sentido.

–Tampoco me parece mal que vuestras aspiraciones sean tan ambiciosas, pero por favor respetando a quienes nos conformamos con vivir más cerca de la naturaleza. Admiro el ingenio de Occidente y respeto su pasión por la democracia como sistema para proteger la libertad, pero, tal vez por desconocimiento y juzgándolo desde la perspectiva del desierto, tengo la impresión de que se sustenta en un concepto negativo acerca del comportamiento de las personas en la sociedad. ¿No creéis que gastáis demasiado esfuerzo en protegeros y poco en educar y ejemplarizar sólidamente con comportamientos honestos y solidarios? Aquí, como bien sabes, no tenemos presupuesto para la educación; los niños simplemente conviven entre las familias que conformamos una tribu o grupo y así aprenden el bien y el mal, lo decente y lo inaceptable.

Pensé que tal vez esa forma de hacer las cosas solo podría tener éxito en grupos reducidos. ¿Cómo iba a ser posible en nuestras inmensas sociedades con aspiraciones de globalidad?

–¿Es honesto quien se comporta con decencia tan solo por ser controlado o por temor? No es el modo de escoger un jefe lo que más importa sino su decencia interior. Eso le permita ganarse el respeto y la confianza de su pueblo, que reconocerá que sus actuaciones están orientadas a buscar la felicidad y el bien de los suyos. Que muchos crean que se deba ir en una dirección no significa que esa sea la correcta ni la que se deba seguir. Recuerda que los guías de nuestras caravanas son quienes

determinan el rumbo. Sería inútil someterlo a votación.

Me quedé en silencio pensando que decir eso en nuestro mundo podría ser tomado como un atentado al corazón de nuestra civilización.

–*Shaear'ahmar* (cabello rojo) –me dijo rompiendo el silencio–, ¿te has encontrado a gusto entre nosotros?

–Sí –le dije sin dudar–. Ha sido una excelente experiencia. Justo lo que necesitaba. Aquí he descubierto la sabiduría.

–Pero vuestra educación es mucho más sofisticada y dispone de muchos más medios...

–Tal vez debiéramos mirar más a las estrellas –respondí con la mirada perdida.

Y en ese momento dos hermosas estrellas fugaces rasgaron el firmamento.

Había vivido toda aquella inmensa cantidad de tiempo sin televisión ni escuchar la radio o noticias en la prensa y... ¡era maravilloso!

El mundo seguía su viaje y yo estaba al margen de él trazando mi camino.

Estaba allí porque quería y quería porque me gustaba. Me sentía bien. Era como una liberación. Allí había poco de todo pero tenía lo imprescindible. Podía ir hacia donde quisiera sin señales de tráfico que me obligaran o impidieran hacer un giro o circular a cierta velocidad. Veía disfrutar a los niños ansiosos por subir a mi Land Rover. Se peleaban entre ellos por pasear subidos en lo más alto o jugaban a saltar el primero cuando me estaba deteniendo. Me recordaban mucho a mis juegos de infancia.

Allí el límite lo ponían la propia prudencia y la cordura, sin exageraciones. Nadie te impedía ir hacia donde, como y cuando quisieras o desearas, pero tampoco podrías echarle la culpa a nadie por las consecuencias de tus actos. Cada uno era responsable y debía correr con las consecuencias de lo que hiciera y de cómo lo hiciese.

Allí la estupidez y la insensatez pueden tener un coste muy alto, y también el capricho, así que las personas saben bien el valor que tiene la prudencia.

Sadiq

Que la vida nos acerque en un nuevo cruce de caminos

Contemplé aquel hermoso amanecer desde lo más alto de la Gran Duna donde la vista era imponente. Poco después mi Land Rover, El M'Hadani y yo surcábamos las arenas en busca de un retorno que, a pesar de significar la vuelta a mi mundo, me resultaba doloroso por tener que dejar todo aquello que había vivido atrás. Pese a la calma –o quizá precisamente por ella–, habían sido unos días muy intensos.

Desde lo alto, la esbelta figura de El Z'Geurt nos observaba. Alcé mi mano desde la ventanilla y él respondió levantando la suya.

–*Sadiq* –le dije.

–Amigo, me respondió observando mi cabello rojo que tanto le había llamado la atención siempre.

Con ello ambos mostramos nuestro respeto y nos deseamos paz.

Mi mente me trajo al recuerdo el día en que me llevó a las cuevas del misterio de la vida. Allí me enseñó los secretos que muy pocos elegidos conocían. Y ese día y de ese modo supe que por fin nuestros círculos de relación se habían entrecruzado. Allí dentro pude ver pinturas de lejanos antepasados, huellas de la existencia humana reflejada en utensilios de huesos y fósiles de todo tipo de especies terrestres y marinas.

La Tierra entonces debía ser un peligroso planeta sin fronteras.

Con su mirada pareció exigirme que lo que había sido secreto debería seguir siéndolo. Y sentí que me entregaba su mayor confianza esperando que fuera correspondida.

Ya a la salida de aquel monumento de la vida me dio un pesado objeto envuelto en una rústica tela. Mis ojos me dejaron boquiabierto cuando vi que aquella aparente piedra guardaba el fosilizado colmillo de un ser tremendo que bien podría ser un dinosaurio.

Epílogo

Hacia el destino

Al final y mediante el paso de los años, la vida va cerrando su estrecho abrazo para atraparte.

Pero aún me quedan hojas en blanco, mi estilográfica, la memoria de lo vivido y energía para trazar relatos creados por mi imaginación.

En medio de esos días de tormenta, bruma, lluvia, intensa niebla o incluso de sol, nuestros personajes de papel se incorporan a la población de la humanidad en este desierto verde en el que vivo.

Sigo tratando de vivir, a duras penas, fuera del circuito creado por esa vieja Europa que, desconocida, ha perdido su rumbo, renegado de su ser y su personalidad siendo arrastrada por un torbellino de «modernidaz» con la que atrapa a sus ciudadanos.

Es una Europa que se revuelve por doquier incómoda e inquieta al vivir alejada de las convicciones que la crearon y construyeron.

El intervencionismo de unos estados falsamente proteccionistas que, eso sí, ofrecen el máximo bienestar, cerca cada día más al individuo para convertirlo en un instrumento sobre el que ejercer su poder.

Cuando ya casi no quedan reductos aislados donde vivir de acuerdo con las leyes de la naturaleza, surge la lección de un sabio entre los nómadas, que como «dueños de la nada», y aunque asediados, mantienen su libertad en medio de las arenas del desierto.

De todos mis libros este es, por el momento, el más intimista de un ser que aspira a salir de una asfixia sin sentido.

Cada día que pasa te das cuenta de que no sabías nada sobre la vida. Y cada día que pasa notas cómo la vida se aleja un paso más de ti.

Este es el libro que no te dio tiempo a leer antes de emprender tu viaje, papá. Aún veo tu silueta caminando por el horizonte de la Gran Duna bajo el resplandor de las estrellas. Un día seguiré tus huellas y encontraré tu mano y tu guía.

Julián Gutiérrez Conde siempre tuvo como una de sus máximas aspiraciones ser escritor. Aunque la vida profesional, tras sus años de estudio en Icade, lo llevó por derroteros bien distintos como empresario, director general de grandes corporaciones o mediador y formador de equipos de alto rendimiento en situaciones de conflicto y alta tensión, nunca ha dejado de escribir.

Haber trabajado en más de 40 países y con personas de más de 60 naciones le ha dado una perspectiva amplia e inigualable.

Sus artículos, ensayos y libros siempre tienen un fondo humanista. Hoy día tiene ya publicados 17 libros de las más variadas temáticas: desde libros de viajes a *management*, liderazgo, negociación...

Colabora en numerosos proyectos sin ánimo de lucro. Así, es fundador de Duets (www.duets.es), destinado a promover el conocimiento de personas que, desde los más variados trabajos, tienen una trayectoria de valores que no pueden pasar desapercibidas como referentes en nuestra sociedad.

KOLIMA
BOOKS

www.ingramcontent.com/pod-product-compliance
Ingram Content Group UK Ltd.
Pitfield, Milton Keynes, MK11 3LW, UK
UKHW021658190726
13853UKWH00001B/334